MELHORES
POEMAS

Cesário Verde

Direção
EDLA VAN STEEN

MELHORES
POEMAS

Cesário Verde

Seleção
Leyla Perrone-Moisés

São Paulo
2005

© Global Editora, 2000

1ª Edição, 2005

Diretor Editorial
Jefferson L. Alves

Gerente de Produção
Flávio Samuel

Assistente Editorial
Ana Cristina Teixeira

Revisão
Cláudia Eliana Aguena

Projeto de Capa
Victor Burton

Editoração Eletrônica
Antonio Silvio Lopes

Dados Internacionais de Catalogação na Publicação (CIP)
(Câmara Brasileira do Livro, SP, Brasil)

Verde, Cesário, 1855-1886.
  Melhores poemas / Cesário Verde ; seleção Leyla Perrone-Moisés. – São Paulo : Global, 2005. – (Coleção melhores poemas / direção Edla van Steen)

Bibliografia.
ISBN 85-260-1016-6

1. Poesia portuguesa I. Perrone-Moisés, Leyla. II. Van Steen, Edla. III. Título. IV. Série.

05-3706   CDD–869.1

Índices para catálogo sistemático:

1. Poesia : Literatura portuguesa   869.1

Direitos Reservados

Global Editora e Distribuidora Ltda.

Rua Pirapitingüi, 111 – Liberdade
CEP 01508-020 – São Paulo – SP
Tel.: 11 3277-7999 – Fax: 11 3277-8141
e-mail: global@globaleditora.com.br
www.globaleditora.com.br

Colabore com a produção científica e cultural.
Proibida a reprodução total ou parcial desta obra sem a autorização do editor.

Nº de catálogo: **2223**

Leyla Perrone-Moisés nasceu em São Paulo, e é Professora Emérita da Faculdade de Filosofia, Letras e Ciências Humanas da USP. Lecionou literatura portuguesa, literatura francesa e teoria literária em várias universidades do Brasil e do exterior. Atualmente, é coordernadora do Núcleo de Pesquisas Brasil-França, do Instituto de Estudos Avançados da USP. Publicou, entre outros, os seguintes livros: *O Novo Romance francês; Falência da crítica – Um caso limite: Lautréamont; Texto, crítica, escritura; Fernando Pessoa – Aquém do eu, além do outro; Roland Barthes, o saber com sabor; Flores da escrivaninha; Vinte luas – Viagem de Paulmier de Gonneville ao Brasil (1503-1505); Altas literaturas; Inútil poesia e outros ensaios breves.*

O POETA QUE SABIA VER

Cesário Verde não publicou, em vida, nenhum livro. Seus poemas ficaram inéditos ou dispersos em jornais ou revistas, e foram reunidos, depois de sua morte prematura, por seu amigo Silva Pinto, sob o título de *O Livro de Cesário Verde*. Havendo diferenças entre as primeiras publicações em periódicos e a edição de Silva Pinto, e tendo-se perdido a maior parte dos manuscritos, ignora-se a forma final que o poeta teria dado aos seus poemas e ao próprio livro. Essa incerteza filológica não impediu, porém, que a posteridade reconhecesse a importância de sua obra, e que esta inspirasse, de maneira fecundante, numerosos poetas posteriores de língua portuguesa.

A posição de Cesário Verde na poesia portuguesa é singular. Cronologicamente, sua obra se inscreve imediatamente após a instalação, em seu país, do realismo literário. Cesário sucede, a pouca distância temporal, à brilhante "geração coimbrã" que decretou o fim do romantismo, adotando literariamente as idéias de Taine e, politicamente, as de Proudhon e Spencer. A essa geração pertenceram os poetas Antero de Quental e Teófilo Braga, os prosadores Eça de Queirós e Ramalho Ortigão, entre outros. Todos eles eram republicanos, socialistas e anticlericais.

Cesário tinha dezesseis anos quando esse grupo realizou, em Lisboa, as polêmicas Conferências do Cassino Lisbonense, que tinham por objetivo "uma transformação política, econômica e religiosa da sociedade portuguesa", e a implantação da literatura realista. Uma das conferências então proferidas foi a de Eça de Queirós, intitulada "A literatura nova – O realismo como nova expressão da arte". O escândalo provocado pelas idéias da geração realista exerceu, certamente, uma influência decisiva na formação do jovem poeta.

Os primeiros poemas de Cesário, escritos por volta de seus vinte anos, procuravam unir a temática engajada e revolucionária a uma dicção igualmente provocadora, pelo abandono do tom elevado e pela adoção de um coloquialismo rebaixado, às vezes, até a pilhéria. O exemplo do poeta parnasiano João Penha, que substituía o "fecho de ouro" de seus sonetos por piadas irreverentes, foi seguido por Cesário no poema "Proh Pudor!" (1874) e em alguns outros da mesma fase.

À avassaladora influência de Victor Hugo, na poesia romântica, sucedeu uma não menos generalizada influência de Baudelaire. O "baudelairianismo" foi um fenômeno marcante em várias literaturas do fim do século XIX, inclusive na brasileira. As marcas deixadas pelas *Flores do Mal* se resumiam, na maior parte dos casos, à adoção de uma temática satânica, erótica e perversa, expressa em figuras extravagantes. O risco em que incorriam esses epígonos de Baudelaire era o de ultrapassar as fronteiras do "bom gosto" literário, e de levar as comparações e metáforas a uma comicidade involuntária.

O jovem Cesário não escapou a esse perigo, e vários versos de seus primeiros poemas oscilam entre o piegas, o artificial e o ridículo. Cesário ainda não tinha suficiente experiência, nem existencial, nem literária, de modo que seu "baudelairianismo" se reduzia, então, à mera imitação ou à pose assumida. A imitação levada às últimas conseqüências produzia exageros como o de desejar "navegar, morosamente, a remos" na cabeleira da amada ("Cabelos", 1874), ou estereótipos femininos como a fidalga de "Esplêndida" (1874) e caricaturas como "certa dama pedantesca / perversíssima, esquálida e chagada" ("Manias", 1874). A pose exibicionista era visível quando o jovem poeta declarava beber "goles de absinto" numa Lisboa caracterizada como uma "Babel tão velha e corruptora" ("A débil", 1875).

Entretanto, mesmo nesses poemas juvenis, algumas estranhezas escapavam ao lugar-comum e anunciavam a originalidade de seu talento. Como, por exemplo, esta conclusão de um poema sobre o velho e surrado tema marítimo: "Escarro, com desdém, no grande mar!" ("Heroísmos", 1874). Ou, no poema "Humorismos de amor" (1875), esta impressionante imagem acústica: "Eu julgaria ouvir alguém, soturnamente, / Nas trevas, a cortar pedaços de cortiça!".

A partir de "Num bairro moderno" (1877), o poeta começou a alcançar sua visão e sua dicção pessoais: uma visão aguda e transfiguradora da realidade cotidiana, uma dicção natural e envolvente. O poema nasce de uma *visão*: "Subitamente – que visão de artista!". Um simples passeio por uma feira livre se transforma numa série de quadros extraordinários. Os homens, seus utensílios e afazeres adquirem posturas e cores de grande qualidade plástica. Os legumes e frutas ganham formas humanas, à maneira de Arcimboldo. O ritmo regular dos versos, escandidos por vírgulas, soa natural como o dos passos de um pedestre, e a simplicidade vocabular é a de uma conversa entre transeuntes.

No ano seguinte, o poema "Cristalizações" veio confirmar essa capacidade de ver e comunicar quadros urbanos de forma impressiva. O registro banal que abre o poema – "Faz frio" – se desdobra em pormenores como a "imensa claridade crua", o "chão vidrento" que reflete "a molhada casaria", os quintais que "negrejam" sob o céu subitamente aberto. O contraste entre os robustos calceteiros e a frágil "atrizita" de "pezinhos rápidos, de cabra" anima o frígido cenário. A essas anotações visuais somam-se registros de sensações atinentes a todos os sentidos: os grossos tecidos vestidos pelos homens, os "choques rijos, ásperos, cantantes" das pedras quebradas, os gritos das peixeiras, o chiado dos carros de mão, os cheiros com sabor de campo, em suma: "O tato, a vista, o ouvido, o gosto, o olfato!". Em vinte estrofes, Cesário fixou para sempre, de maneira completa e inesquecível, um instante sazonal de sua cidade e de sua percepção da mesma. Mais não pretendia o poeta, mais não se pede a nenhum artista.

A sensibilidade estética e sinestésica de Cesário é sempre mesclada de uma sensibilidade social. Desde seus primeiros poemas, em que emergiam breves e desajeitados manifestos políticos, até os grandes poemas em que seu talento se mostra por inteiro, os pobres são presença constante sob seu olhar atento. O poeta-comerciante alia a denúncia política a uma caridade que, mesmo atéia, não deixa de ser cristã. Sua reação à miséria do povo é ora a piedade (expressa pela freqüente palavra "dó"), ora o temor ("os pobres metem medo"), ora uma idealização típica da ideologia patronal ("campônio herói", "bons trabalhadores"). Entretanto, a sinceridade de sua preocupação social é atestada pela persistência da temática em sua obra, e pela ausência de ênfase na enunciação. "O que eu desejo é aliar ao lirismo a idéia de justiça", dizia ele em carta a Silva Pinto. O poema "Desastre" (1875), que narra a morte de um operário caído de um andaime, é uma prova disso. O engajamento de Cesário se realiza no ato de colocar diante de nossos olhos uma realidade injusta.

Por essa capacidade de colocar a realidade diante de nossos olhos, de um modo como nunca a havíamos visto, mas que se torna, por artes dele, evidente, Cesário foi chamado, por seus críticos, de poeta-pintor. De fato, a plasticidade de suas descrições (condensadas, às vezes, num único verso e uns poucos adjetivos) é algo raramente encontrado em qualquer literatura. Sua habilidade em colocar as coisas em perspectiva, criando diferentes planos, também é pictórica. O próprio poeta afirmava: "Pinto quadros por letras, por sinais". E Fernando Pessoa disse dele: "Cesário Verde foi o primeiro a *ver* na poesia portuguesa, a visão mais clara das coisas e da sua autêntica presença que é possível encontrar na literatura moderna" (*Fragmentos sobre literatura portuguesa*).

O ponto máximo atingido pela obra de Cesário é, sem dúvida, o longo poema "O sentimento dum Ocidental" (1880). Esse poema, de inspiração baude-

11

lairiana pelo tema do anoitecer na cidade grande, é paradoxalmente aquele em que o poeta mais se distancia de Baudelaire para ser ele mesmo. Várias são as razões que fazem desse poema um marco, não apenas na poesia de língua portuguesa, mas da poesia moderna em geral.

Uma qualidade freqüentemente apontada pela crítica nesse poema é o seu realismo. Mas em que consiste o realismo de Cesário? Não é o realismo documental e pitoresco daquela literatura fim-de-século conhecida como "panorâmica" ou "fisiologia", que se empenhava em registrar os tipos curiosos da cidade. Também não é o realismo programaticamente objetivo da poesia e da prosa realistas, e por isso ele não foi imediatamente reconhecido pelos doutrinários do movimento. Cesário praticava um realismo lírico, se tal contradição de termos for admissível.

O realismo de Cesário é um "sentimento" do real que não tem a subjetividade do poeta como fim, mas apenas como meio de captar esse real. Esse realismo resulta da entrega total do poeta à realidade circundante, como uma antena ultra-receptora, e não como um ego que nela se projeta com vistas a exprimir-se. Em carta de 1875, ao amigo Silva Pinto, ele dizia: "Eu não sou como muitos que estão no meio dum grande ajuntamento de gente e completamente isolados e abstratos. A mim o que me rodeia é o que me preocupa".

Assim, a tristeza urbana de Cesário é diferente tanto da melancolia romântica como do desabusado *spleen* de Baudelaire. É um sentimento coletivo assumido como pessoal: "Chora-me o coração que se enche e que se abisma". A forma passiva do verbo chorar, e o uso do verbo encher indiciam essa receptividade do poeta ao sentimento de seus concidadãos.

É por essa disponibilidade generosa dos sentidos e sentimentos do poeta, abertos a vida coletiva, que o poema se torna, mais do que realista, ultra-realista. Cesário vê e comunica mais do que aparências. Aí estão fixados lugares e tipos humanos, mas transfigurados em imagens fantásticas que, como dizia Klee, "tornam visível" o real. A cidade de Cesário é ao mesmo tempo fantasmática e verídica. Transfigurada embora, essa cidade é, indiscutivelmente, Lisboa: uma metrópole periférica, à margem de "Madri, Paris, Berlim, S. Petersburgo, o mundo!", lugares para onde podem viajar os "felizes". Uma cidade de pequenos burgueses, comerciantes, operários, uma grande aldeia ainda não totalmente separada da vida rural, uma coletividade que ingressa penosamente na era industrial, que vive as incertezas de seu *status* e de seu futuro sob a forma da melancolia. Essa humanidade lisboeta não é a "multidão" moderna da metrópole baudelairiana, é apenas a "turba" de uma cidade portuária à margem da Europa, à "beira-mágoa", como diria mais tarde Pessoa.

Depois desse grande poema, a obra de Cesário entrou em declínio. As contradições de sua vida, dividida entre as tarefas mercantis e a escrita poética, entre a condição de burguês abastado e socialista utópico, entre o desejo singelo de felicidade doméstica e a incompreensão de seus primeiros leitores, foram agravadas pelos problemas de saúde de sua família e da sua própria. Nos últimos anos de sua vida, ele ainda escreveu alguns poemas de teor sentimental e moralizante: "Nós" e o inacabado "Provincianas".

O elogio do campo e de seus habitantes, em oposição ao artificialismo e à solidão da vida na cidade grande, aparece em outros grandes autores portugueses daquela virada de século: Guerra Junqueiro (*Os simples*), António Nobre (*Só*) e Eça de Queirós (*A cidade e as serras*). Quanto a Cesário, tudo leva a crer que a volta à temática campesina representava um caminho existencial e um descaminho poético. Mas o essencial de sua obra já estava escrito.

Há grandes poetas que não têm posteridade, pelo fato de suas obras se fecharem nelas mesmas, únicas e radicalmente pessoais. E há poetas que, embora também plenos e únicos, deixam, não algo a ser imitável, mas algo a ser aprendido, como um caminho aberto. Cesário é um destes, e suas "lições" foram ouvidas por poetas subseqüentes. Entre os seus admiradores e seguidores figuram nada menos do que Fernando Pessoa, em Portugal, e Manuel Bandeira, no Brasil. As lições de Cesário só poderiam ser ouvidas quando os poetas, já no século XX, adotaram os temas modestos do cotidiano e a dicção despojada dos ouripéis da velha retórica. Quando os grandes da modernidade foram capazes de fazer, com esse "pouco", o muito de sua poesia.

Cesário parece ter intuído essas novas formas de ver e de dizer, que outros poetas do fim do século XIX, como Jules Laforgue na França, também começavam a explorar. Com eles, a poesia enveredava pelos caminhos da temática corriqueira e da coloquialidade, e tornou-se definitivamente habitada pelos homens da cidade moderna, como propusera Baudelaire, mas já sem a alegorização baudelairiana:

> Ah! Como eles são cotidianos,
> Matadores de tempo e monomaníacos,
> De olho no ouro como no strass
> Das cotidianas vitrines!

(Jules Laforgue, *Complainte des crépuscules célibataires*)

O que é admirável é que Cesário tenha trilhado por conta própria, incompreendido por seu meio, mas com uma tenacidade inabalável, o caminho que lhe ditava sua sensibilidade e sua intuição. A impressão que nos fica, do conjunto de sua poesia, é de que ele nunca escreveu procurando agradar ao público, e sempre para realizar o que era uma necessidade íntima de sua personalidade poética.

Por mais esclarecedores que sejam os trabalhos críticos escritos sobre Cesário Verde, creio que ninguém falou dele melhor do que Fernando Pessoa. Por isso encerro esta introdução à sua obra com um poema do heterônimo Alberto Caeiro:

> Ao entardecer, debruçado pela janela,
> E sabendo por cima dos olhos que há campos em
> [frente,
> Leio até me arderem os olhos
> O Livro de Cesário Verde.
>
> Que pena que tenho dele! Ele era um camponês
> Que andava preso em liberdade pela cidade.
> Mas o modo como olhava para as casas,
> E o modo como reparava nas ruas,
> E a maneira como dava pelas pessoas,
> É o de quem olha para árvores,

E de quem desce os olhos pela estrada por onde
[vai andando
E vê que está a reparar nas flores que há pelos
[campos...

Por isso ele tinha aquela grande tristeza
Que ele nunca disse bem que tinha,
Mas andava na cidade como quem anda no campo
E triste como esmagar flores em livros
E pôr plantas em jarras.

Leyla Perrone-Moisés

POEMAS

IMPOSSÍVEL

Nós podemos viver alegremente,
Sem que venham com fórmulas legais,
Unir as nossas mãos, eternamente,
As mãos sacerdotais.

Eu posso ver os ombros teus desnudos,
Palpá-los, contemplar-lhes a brancura,
E até beijar teus olhos tão ramudos,
Cor de azeitona escura.

Eu posso, se quiser, cheio de manha,
Sondar, quando vestida, p'ra dar fé,
A tua camisinha de bretanha,
Ornada de *crochet*.

Posso sentir-te em fogo, escandecida,
De faces cor-de-rosa e vermelhão,
Junto a mim, com langor, entredormida,
Nas noites de verão.

Eu posso, com valor que nada teme,
Contigo preparar lautos festins,
E ajudar-te a fazer o *leite-creme*,
E os mélicos pudins.

Eu tudo posso dar-te, tudo, tudo,
Dar-te a vida, o calor, dar-te *cognac*,
Hinos de amor, vestidos de veludo,
    E botas de duraque.

E até posso com ar de rei, que o sou!
Dar-te cautelas brancas, minha rola,
Da grande loteria que passou,
    Da boa, da espanhola,

Já vês, pois, que podemos viver juntos,
Nos mesmos aposentos confortáveis,
Comer dos mesmos bolos e presuntos,
    E rir dos miseráveis.

Nós podemos, nós dois, por nossa sina,
Quando o sol é mais rúbido e escarlate,
Beber na mesma chávena da China,
    O nosso chocolate.

E podemos até, noites amadas!
Dormir juntos dum modo galhofeiro,
Com as nossas cabeças repousadas
    No mesmo travesseiro.

Posso ser teu amigo até à morte,
Sumamente amigo! Mas por lei,
Ligar a minha sorte à tua sorte,
    Eu nunca poderei!

Eu posso amar-te como o Dante amou,
Seguir-te sempre como a luz ao raio,
Mas ir, contigo, à igreja, isso não vou,
    Lá nessa é que eu não caio!

1874

LÁGRIMAS

Ela chorava muito e muito, aos cantos,
Frenética, com gestos desabridos;
Nos cabelos, em ânsias desprendidos,
Brilhavam como pérolas os prantos.

Ele, o amante, sereno como os santos,
Deitado no sofá, pés aquecidos,
Ao sentir-lhe os soluços consumidos,
Sorria-se cantando alegres cantos.

E dizia-lhe então, de olhos enxutos:
"– Tu pareces nascida da rajada,
"Tens despeitos raivosos, resolutos;

"Chora, chora, mulher arrenegada;
"Lagrimeja por esses aquedutos...
"– Quero um banho tomar de água salgada."

1874

PROH PUDOR!

Todas as noites ela me cingia
Nos braços, com brandura gasalhosa;
Todas as noites eu adormecia,
Sentindo-a desleixada e langorosa.

Todas as noites uma fantasia
Lhe emanava da fronte imaginosa;
Todas as noites tinha uma mania
Aquela concepção vertiginosa.

Agora, há quase um mês, modernamente,
Ela tinha um furor dos mais soturnos,
Furor original, impertinente...

Todas as noites ela, oh! sordidez!
Descalçava-me as botas, os coturnos,
E fazia-me cócegas nos pés...

1874

MANIAS

O mundo é velha cena ensangüentada.
Coberta de remendos, picaresca;
A vida é chula farsa assobiada,
Ou selvagem tragédia romanesca.

Eu sei um bom rapaz, – hoje uma ossada –,
Que amava certa dama pedantesca,
Perversíssima, esquálida e chagada,
Mas cheia de jactância quixotesca.

Aos domingos a déia, já rugosa,
Concedia-lhe o braço, com preguiça,
E o dengue, em atitude receosa,

Na sujeição canina mais submissa,
Levava na tremente mão nervosa,
O livro com que a amante ia ouvir missa!

1874

HEROÍSMOS

Eu temo muito o mar, o mar enorme,
Solene, enraivecido, turbulento,
Erguido em vagalhões, rugindo ao vento;
O mar sublime, o mar que nunca dorme.

Eu temo o largo mar, rebelde, informe,
De vítimas famélico, sedento,
E creio ouvir em cada seu lamento
Os ruídos dum túmulo disforme.

Contudo, num barquinho transparente,
No seu dorso feroz vou blasonar,
Tufada a vela e n'água quase assente,

E ouvindo muito ao perto o seu bramar,
Eu rindo, sem cuidados, simplesmente,
Escarro, com desdém, no grande mar!

1874

CINISMOS

Eu hei de lhe falar lugubremente
Do meu amor enorme e massacrado,
Falar-lhe com a luz e a fé dum crente.

Hei de expor-lhe o meu peito descarnado,
Chamar-lhe minha cruz e meu Calvário,
E ser menos que um Judas empalhado.

Hei de abrir-lhe o meu íntimo sacrário
E desvendar a vida, o mundo, o gozo,
Como um velho filósofo lendário.

Hei de mostrar, tão triste e tenebroso,
Os pegos abismais da minha vida,
E hei de olhá-la dum modo tão nervoso,

Que ela há de, enfim, sentir-se constrangida,
Cheia de dor, tremente, alucinada,
E há de chorar, chorar enternecida!

E eu hei de, então, soltar uma risada...

1874

ESPLÊNDIDA

Ei-la! Como vai bela! Os esplendores
Do lúbrico Versailles do Rei-Sol!
Aumenta-os com retoques sedutores.
É como o refulgir dum arrebol
    Em sedas multicores.

Deita-se com langor no azul celeste
Do seu landau forrado de cetim;
E os seus negros corcéis, que a espuma veste,
Sobem a trote a rua do Alecrim,
    Velozes como a peste.

É fidalga e soberba. As incensadas
Dubarry, Montespan e Maintenon
Se a vissem ficariam ofuscadas.
Tem a altivez magnética e o bom-tom
    Das cortes depravadas.

É clara como os *pós à marechala*,
E as mãos, que o *Jock Club* embalsamou,
Entre peles de tigres as regala;
De tigres que por ela apunhalou,
    Um amante, em Bengala.

É ducalmente esplêndida! A carruagem
Vai agora subindo devagar;
Ela, no brilhantismo da equipagem,
Ela, de olhos cerrados, a cismar
　Atrai como a voragem!

Os lacaios vão firmes na almofada;
E a doce brisa dá-lhes de través
Nas capas de borracha esbranquiçada,
Nos chapéus com roseta, e nas librés
　De forma aprimorada.

E eu vou acompanhando-a, corcovado,
No *trottoir*, como um doido, em convulsões,
Febril, de colarinho amarrotado,
Desejado o lugar dos seus truões,
　Sinistro e mal trajado.

E daria, contente e voluntário,
A minha independência e o meu porvir,
Para ser, eu poeta solitário,
Para ser, ó princesa sem sorrir,
　Teu pobre trintanário.

E aos almoços magníficos do Mata
Preferiria ir, fardado, aí,
Ostentando galões de velha prata,
E de costas voltadas para ti,
Formosa aristocrata!

1874

ARROJOS

Se a minha amada um longo olhar me desse
Dos seus olhos que ferem como espadas,
Eu domaria o mar que se enfurece
E escalaria as nuvens rendilhadas.

Se ela deixasse, extático e suspenso,
Tomar-lhe as mãos *mignonnes* e aquecê-las,
Eu com um sopro enorme, um sopro imenso
Apagaria o lume das estrelas.

Se aquela que amo mais que a luz do dia,
Me aniquilasse os males taciturnos,
O brilho dos meus olhos venceria
O clarão dos relâmpagos noturnos.

Se ela quisesse amar, no azul do espaço,
Casando a suas pernas com as minhas,
Eu desfaria o sol como desfaço
As bolas de sabão das criancinhas.

Se a Laura dos meus loucos desvarios
Fosse menos soberba e menos fria,
Eu pararia o curso aos grandes rios
E a terra sob os pés abalaria.

Se aquela por quem já não tenho risos
Me concedesse apenas dois abraços,
Eu subiria aos róseos paraísos
E a lua afogaria nos meus braços.

Se ela ouvisse os meus cantos moribundos
E os lamentos das cítaras estranhas,
Eu ergueria os vales mais profundos
E abateria as sólidas montanhas.

E se aquela visão da fantasia
Me estreitasse ao peito alvo como arminho,
Eu nunca, nunca mais me sentaria
Às mesas espelhentas do Martinho.

1874

VAIDOSA

Dizem que tu és pura como um lírio
E mais fria e insensível que o granito,
E que eu que passo aí por favorito
Vivo louco de dor e de martírio.

Contam que tens um modo altivo e sério,
Que és muito desdenhosa e presumida,
E que o maior prazer da tua vida,
Seria acompanhar-me ao cemitério.

Chamam-te a bela imperatriz das fátuas,
A déspota, a fatal, o figurino,
E afirmam que és um molde alabastrino,
E não tens coração, como as estátuas.

E narram o cruel martirológio
Dos que são teus, ó corpo sem defeito,
E julgam que é monótono o teu peito
Como o bater cadente dum relógio.

Porém eu sei que tu, que como um ópio
Me matas, me desvairas e adormeces,
És tão loura e dourada como as messes
E possuis muito amor... muito *amor-próprio*.

1874

FLORES VENENOSAS

I
CABELOS

Ó vagas de cabelo esparsas longamente,
Que sois o vasto espelho onde eu me vou mirar,
E tendes o cristal dum lago refulgente
E a rude escuridão dum largo e negro mar;

Cabelos torrenciais daquela que me enleva,
Deixai-me mergulhar as mãos e os braços nus
No báratro febril da vossa grande treva,
Que tem cintilações e meigos céus de luz.

Deixai-me navegar, morosamente, a remos,
Quando ele estiver brando e livre dos tufões,
E, ao plácido luar, ó vagas, marulhemos
E enchamos de harmonia as amplas solidões.

Deixai-me naufragar no dorso dos cachopos
Ocultos nesse abismo escuro, etéreo e bom,
Como um licor renano a fermentar nos copos,
Ou como um pé sutil calçado à Benoiton!

Ó pálida mulher, formosa incomparável,
Que tens o imenso bem de ter cabelos tais,
E os pisas desdenhosa, altiva, imperturbável,
Entre o rumor banal dos hinos triunfais;

Consente que eu aspire esse perfume raro,
Que exalas da cabeça erguida com fulgor,
Perfume que estonteia um milionário avaro
E faz morrer de febre um louco sonhador.

Eu sei que não possuis balsâmicos desejos,
Que és fria e não trilhaste a senda do prazer,
Mas ouço ao ver-te andar melódicos harpejos,
Que fazem mansamente amar e elanguescer.

E a tua cabeleira, em ondas, pelas costas,
Suponho que te serve, em noites de verão,
De flácido espaldar aonde te recostas
Se sentes o abandono e a morna prostração.

E ela há de, ela há de, um dia, em turbilhões insanos
Nos rolos envolver-me e encher-me do vigor
Que antigamente deu, nos circos dos romanos,
Um óleo para ungir o corpo ao gladiador.

....
....

Ó mantos de veludo esplêndido e sombrio,
Na vossa vastidão eu vou talvez morrer!
Mas vinde-me aquecer que eu tenho muito frio,
E quero asfixiar-me em ondas de prazer.

1874

FLORES VELHAS

Fui ontem visitar o jardinzinho agreste,
Aonde tanta vez a lua nos beijou,
E em tudo eu vi sorrir o amor que tu me deste,
Soberba como um sol, serena como um vôo.

Em tudo cintilava o límpido poema
Com ósculos rimado às luzes dos planetas;
A abelha inda zumbia em torno da alfazema;
E via-se o matiz das leves borboletas.

Em tudo eu pude ver ainda a tua imagem,
A imagem que inspirava os castos madrigais;
E as virações, o rio, os astros, a paisagem,
Traziam-me à memória idílios imortais.

Diziam-me que tu, no flórido passado,
Detinhas sobre mim, ao pé daquelas rosas,
Aquele teu olhar moroso e delicado,
Que fala de langor e de emoções mimosas;

E, ó pálida Clarisse, ó alma ardente e pura,
Que não me desgostou nem uma vez sequer,
Eu não sabia haurir do cálix da ventura
O néctar que nos vem dos mimos da mulher!

Falou-me tudo, tudo, em tons comovedores,
Do nosso amor, que uniu as almas de dois entes;
As falas quase irmãs das auras com as flores
E a mole exalação dos campos recendentes.

Inda pensei ouvir aquelas coisas mansas
No ninho de afeições criado para ti,
Por entre o riso claro, e as vozes das crianças,
E as nuvens que esbocei, e os sonhos que nutri.

Lembrei-me muito, muito, ó símbolo das santas,
Do tempo em que eu soltava as notas inspiradas,
E sob aquele céu e sobre aquelas plantas
Bebemos o elixir das tardes perfumadas.

E nosso bom romance escrito num desterro,
Beijos sem ruído, em noites sem luar,
Fizeram-mo reler, mais tristes que um enterro,
Os goivos, a baunilha e as rosas-de-toucar.

Mas tu agora nunca, ai, nunca mais te sentas
Nos bancos de tijolo em musgo atapetados,
E eu não te beijarei, às horas sonolentas,
Os dedos de marfim, polidos e delgados...

Eu por não ter sabido amar os movimentos
Da estrofe mais ideal das harmonias mudas,
Eu sinto as decepções e os grandes desalentos
E tenho um riso mau como o sorrir de Judas.

E tudo enfim passou, passou como uma pena
Que o mar leva no dorso exposto aos vendavais,
E aquela doce vida, aquela vida amena,
Ai, nunca mais virá, Clarisse, nunca mais!

Ó minha boa amiga, ó minha meiga amante!
Quando ontem eu pisei, bem magro e bem curvado,
A areia em que rugiu a saia roçagante,
Que foi na minha vida o céu aurirrosado,

Eu tinha tão impresso o cunho da saudade,
Que as ondas que formei das suas ilusões
Fizeram-me cismar na minha soledade
E as asas ir abrindo às minhas impressões.

Soltei com devoção lembranças inda escravas,
No espaço construí fantásticos castelos,
No tanque debrucei-me em que te debruçavas,
E onde o luar parava os raios amarelos.

Cuidei até sentir, mais doce que uma prece,
Suster a minha fé, num véu consolador,
O teu divino olhar que as pedras amolece,
E há muito me prendeu nos cárceres do amor.

E cheio das visões em que a alma se dilata,
Julguei-me no teu peito, ó coração que dormes!
E foram embalar-me as águas da cascata
De búzios naturais e conchas multiformes.

Os teus pequenos pés, aqueles pés suaves,
Julguei-os esconder por entre as minhas mãos,
E imaginei ouvir no conversar das aves
As célicas canções dos anjos teus irmãos.

E como na minha alma a luz era uma aurora,
A aragem ao passar parece que me trouxe
O som da tua voz metálica, sonora,
E o teu perfume forte, o teu perfume doce.

Agonizava o sol gostosa e lentamente,
Um sino que tangia, austero e com vagar,
Vestia de tristeza esta paixão veemente,
Esta doença, enfim, que a morte há de curar.

E quando me envolveu a noite, noite fria,
Eu trouxe do jardim duas saudades roxas,
E vim a meditar em quem me cerraria,
Depois de eu morrer, as pálpebras já frouxas.

Pois que, minha Clarisse, eu peço que não creias
Que eu ame esta existência e não lhe queira um fim;
Há tempos que não sinto o sangue pelas veias
E a campa talvez seja afável para mim.

Portanto, eu, que não cedo às atrações do gozo,
Sem custo hei de deixar as mágoas deste mundo,
E, ó pálida mulher de longo olhar piedoso,
Em breve te olharei calado e moribundo.

Mas quero só fugir das coisas e dos seres,
Só quero abandonar a vida triste e má
Na véspera do dia em que também morreres,
Morreres de pesar, por eu não *viver* já!

E não virás, chorosa, aos rústicos tapetes,
Com lágrimas regar as plantações ruins;
E esperarão por ti, naqueles alegretes
As dálias a chorar nos braços dos jasmins.

1874

DESLUMBRAMENTOS

S.

Milady, é perigoso contemplá-la
Quando passa aromática e normal,
Com seu tipo tão nobre e tão de sala,
Com seus gestos de neve e de metal.

Sem que nisso a desgoste ou desenfade,
Quantas vezes, seguindo-lhe as passadas,
Eu vejo-a, com real solenidade,
Ir impondo *toilettes* complicadas!...

Em si tudo me atrai como um tesouro:
O seu ar pensativo e senhoril,
A sua voz que tem um timbre de ouro
E o seu nevado e lúcido perfil!

Ah! Como me estonteia e me fascina...
E é, na graça distinta do seu porte,
Como a Moda supérflua e feminina,
E tão alta e serena como a Morte!...

Eu ontem encontrei-a, quando vinha,
Britânica, e fazendo-me assombrar;
Grande dama fatal, sempre sozinha,
E com firmeza e música no andar!

O seu olhar possui, num jogo ardente,
Um arcanjo e um demônio a iluminá-lo;
Como um florete, fere agudamente,
E afaga como o pêlo dum regalo!

Pois bem. Conserve o gelo por esposo,
E mostre, se eu beijar-lhe as brancas mãos,
O modo diplomático e orgulhoso
Que Ana de Áustria mostrava aos cortesãos.

E enfim prossiga altiva como a Fama,
Sem sorrisos, dramática, cortante;
Que eu procuro fundir na minha chama
Seu ermo coração, como a um brilhante.

Mas cuidado, milady, não se afoite,
Que hão de acabar os bárbaros reais;
E os povos humilhados, pela noite,
Para a vingança aguçam os punhais.

E um dia, ó flor do Luxo, nas estradas,
Sob o cetim do Azul e as andorinhas,
Eu hei de ver errar, alucinadas,
E arrastando farrapos – as rainhas!

HUMORISMOS DE AMOR

I

Balzac é meu rival, minha senhora inglesa!
Eu quero-a porque odeio as carnações redondas;
Mas ele eternizou-lhe a singular beleza
E eu turbo-me ao deter seus olhos cor das ondas.

II

Admiro-a. A sua longa e plácida estatura
Expõe a majestade austera dos invernos;
Não cora no seu todo a tímida candura;
Dançam a paz dos céus e o assombro dos infernos.

III

Eu vejo-a caminhar, fleumática, irritante,
Numa das mãos franzindo um lençol de cambraia!...
Ninguém me prende assim, ó séria extravagante,
Quando arregaça e ondula a preguiçosa saia!

IV

Hei de esperar, talvez, que o seu amor me acoite,
Mas nunca a fitarei duma maneira franca;
Traz o esplendor do Dia e a palidez da Noite,
É como o Sol – dourada, e como a Lua – branca!

V

Pudesse-me eu prostrar, num meditado impulso,
Ó gélida mulher bizarramente estranha,
E trêmulo depor os lábios no seu pulso,
Entre a macia luva e o punho de bretanha!...

VI

Cintila no seu rosto a lucidez das jóias.
Ao deparar consigo a fantasia pasma;
Pausadamente lembra o silvo das jibóias
E a marcha demorada e muda dum fantasma.

VII

Metálica visão que Charles Baudelaire
Sonhou e pressentiu nos seus delírios mornos,
Permita que eu lhe adule a distinção que fere,
As curvas da magreza e o brilho dos adornos!

VIII

Deslize como um astro, um astro que declina,
Tão descansada e firme é que me desvaria,
E tem a lentidão duma corveta fina
Que nobremente vá num mar de calmaria.

IX

Não me imagine um doido. Eu vivo como um monge,
No bosque das ficções, ó grande flor do Norte!
Ah, ao persegui-la penso acompanhar de longe
O sossegado espectro angélico da Morte!

X

O seu vagar oculta uma elasticidade
Que deve dar um gosto amargo e deleitoso,
E a sua glacial impassibilidade
Exalta o meu desejo e ataca o meu nervoso.

XI

Porém não arderei aos seus contatos frios,
E não me enroscará nos serpentinos braços.
Receio suportar febrões e calafrios;
Adoro no seu corpo os movimentos lassos.

XII

E se uma vez me abrisse o colo transparente,
E me osculasse, enfim, flexível e submissa,
Eu julgaria ouvir alguém, soturnamente,
Nas trevas, a cortar pedaços de cortiça!

1875

DESASTRE

Ele ia numa maca, em ânsias, contrafeito,
Soltando fundos ais e trêmulos queixumes;
Caíra dum andaime e dera com o peito,
Pesada e secamente, em cima duns tapumes.

A brisa que balouça as árvores das praças,
Como uma mãe erguia ao leito os cortinados,
E dentro eu divisei o ungido das desgraças,
Trazendo em sangue negro os membros ensopados.

Um preto, que sustinha o peso dum varal,
Chorava ao murmurar-lhe: "Homem não desfaleça!"
E um lenço esfarrapado em volta da cabeça
Talvez lhe aumentasse a febre cerebral.

Flanavam pelo Aterro os dândis e as *cocottes*,
Corriam *char-à-bancs* cheios de passageiros
E ouviam-se canções e estalos de chicotes,
Junto à maré, no Tejo, e as pragas dos cocheiros.

Viam-se os quarteirões da Baixa: um bom poeta,
A rir e a conversar numa cervejaria,
Gritava para alguns: "Que cena tão faceta!
Reparem! Que episódio!" Ele já não gemia.

Findara honrosamente. As lutas, afinal,
Deixavam repousar essa criança escrava,
E a gente da província, atônita, exclamava:
"Que providências! Deus! Lá vai para o hospital!"

Por onde o morto passa há grupos, murmurinhos;
Mornas essências vêm duma perfumaria,
E cheira a peixe frito um armazém de vinhos,
Numa travessa escura em que não entra o dia!

Um fidalgote brada a duas prostitutas:
"Que espantos! Um rapaz servente de pedreiro!"
Bisonhos, devagar, passeiam uns recrutas
E conta-se o que foi na loja dum barbeiro.

Era enjeitado, o pobre. E, para não morrer,
De bagas de suor tinha uma vida cheia;
Levava a um quarto andar cochos de cal e areia,
Não conhecera os pais, nem aprendera a ler.

Depois da sesta, um pouco estonteado e fraco,
Sentira a exalação da tarde abafadiça;
Quebravam-lhe o corpinho o fumo do tabaco
E o fato remendado e sujo da caliça.

Gastara o seu salário – oito vinténs ou menos –,
Ao longe o mar, que abismo! e o sol, que labareda!
"Os vultos, lá em baixo, oh! como são pequenos!"
E estremeceu, rolou nas atrações da queda.

O mísero a doença, as privações cruéis
Soubera repelir – ataques desumanos!
Chamavam-lhe garoto! E apenas com seis anos
Andara a apregoar diários de dez-réis.

Anoitecia então. O féretro sinistro
Cruzou com um *coupé* seguido dum correio,
E um democrata disse: "Aonde irás, ministro!
Comprar um eleitor? Adormecer num seio?"

E eu tive uma suspeita. Aquele cavalheiro,
– Conservador, que esmaga o povo com impostos –,
Mandava arremessar – que gozo! estar solteiro! –
Os filhos naturais à roda dos expostos...

Mas não, não pode ser... Deite-se um grande véu...
De resto, a dignidade e a corrupção... que sonhos!
Todos os figurões cortejam-no risonhos
E um padre que ali vai tirou-lhe o solidéu.

E o desgraçado? Ah! Ah! Foi para a vala imensa,
Na tumba, e sem o adeus dos rudes camaradas:
Isto porque o patrão negou-lhes a licença,
O inverno estava à porta e as obras atrasadas.

E antes, ao soletrar a narração do fato,
Vinda numa local hipócrita e ligeira,
Berrara ao empreiteiro, um tanto estupefato:
"Morreu!? Pois não caísse! Alguma bebedeira!"

1875

NEVROSES

A Coelho de Carvalho

Eu hoje estou cruel, frenético, exigente;
Nem posso tolerar os livros mais bizarros.
Incrível! Já fumei três maços de cigarros
 E agrado a pouca gente.

Dói-me a cabeça. Abafo uns desesperos mudos:
Tanta depravação nos usos, nos costumes!
Amo, insensatamente, os ácidos, os gumes
 E os ângulos agudos.

Sentei-me à secretária. Ali defronte mora
Uma infeliz, sem peito, os dois pulmões doentes;
Sofre de faltas de ar, morreram-lhe os parentes
 E engoma para fora.

Pobre esqueleto branco entre as nevadas roupas!
Tão lívida! O doutor deixou-a. Mortifica.
Lidando sempre! E deve a conta à botica!
 Mal ganha para as sopas...

O obstáculo ou depura ou torna-nos perversos;
Agora sinto-me eu cheio de raivas frias,
Por causa dum jornal me rejeitar, há dias,
 Um folhetim de versos.

Que mau humor! Rasguei uma epopéia morta
No fundo da gaveta. O que produz o estudo?
Mais duma redação, das que elogiam tudo,
  Me tem fechado a porta.

A crítica segundo o método de Taine
Ignoram-na. Juntei numa fogueira imensa
Muitíssimos papéis inéditos. A imprensa
  Vale um desdém solene.

Com raras exceções, merece-me o epigrama.
Deu meia-noite, e em paz pela calçada abaixo,
Soluça um sol-e-dó. Chuvisca. O populacho
  Diverte-se na lama.

Eu nunca dediquei composições nenhumas,
Senão, por deferência, a amigos ou a artistas.
Independente! Só por isso os jornalistas
  Me negam as colunas.

Receiam que o assinante ingênuo os abandone,
Se forem publicar tais coisas, tais autores.
Arte? Não lhes convém, visto que os seus leitores
  Deliram por Zaccone.

Um prosador, aqui, desfruta fama honrosa,
Obtém dinheiro, arranja a sua *coterie*;
E a mim, não há questão que mais me contrarie
    Do que escrever em prosa.

A adulação repugna aos sentimentos finos;
Eu raramente falo aos nossos literatos,
E apuro-me em lançar originais e exatos,
    Os meus alexandrinos...

E a tísica? Fechada, e com o ferro aceso!
Ignora que a asfixia a combustão das brasas,
Não foge do estendal que lhe umedece as casas,
    E fina-se ao desprezo!

Nem pão no armário, ó Deus! Chama por ela a cova.
Esvai-se; e todavia, à tarde, fracamente,
Ouço-a cantarolar uma canção plangente
    Duma opereta nova!

Perfeitamente. Vou findar sem azedume.
Quem sabe se depois, eu rico e noutros climas,
Conseguirei reler essas antigas rimas,
    Impressas em volume?

Nas letras eu conheço um campo de manobras;
Emprega-se a *réclame*, a intriga, o anúncio, a *blague*,
E esta poesia pede um editor que pague
   Todas as minhas obras...

E estou melhor; passou-me a cólera. E a vizinha?
A pobre engomadeira ir-se-á deitar sem ceia?
Vejo-lhe luz no quarto. Inda trabalha. É feia...
   Que vida! Coitadinha!

1876

A DÉBIL

Eu, que sou feio, sólido, leal,
A ti, que és bela, frágil, assustada,
Quero estimar-te, sempre, recatada
Numa existência honesta, de cristal.

Sentado à mesa dum café devasso,
Ao avistar-te, há pouco, fraca e loura,
Nesta Babel tão velha e corruptora,
Tive tenções de oferecer-te o braço.

E, quando deste esmola a um miserável,
Eu, que bebia cálices de absinto,
Mandei ir a garrafa, porque sinto
Que me tornas prestante, bom, saudável.

"Ela aí vem!" disse eu para os demais;
E pus-me a olhar, vexado e suspirando,
O teu corpo que pulsa, alegre e brando,
Na fresquidão dos linhos matinais.

Via-te pela porta envidraçada;
E invejava – talvez que não o suspeites! –
Esse vestido simples sem enfeites,
Nessa cintura tenra, imaculada.

Ia passando, a quatro, o patriarca.
Triste, eu deixei o botequim, à pressa;
Uma turba ruidosa, negra, espessa,
Voltava das exéquias dum monarca.

Adorável! Tu, muito natural,
Seguias a pensar no teu bordado;
Avultava, num largo arborizado,
Uma estátua de rei num pedestal.

Sorriam, nos seus trens, os titulares;
E ao claro sol, guardava-te, no entanto,
A tua boa mãe, que te ama tanto,
Que não te morrerá sem te casares!

Soberbo dia! Impunha-me respeito
A limpidez do teu semblante grego;
E uma família, um ninho de sossego,
Desejava beijar sobre o teu peito.

Com elegância e sem ostentação,
Atravessavas branca, esbelta e fina,
Uma chusma de padres de batina,
E de altos funcionários da nação.

"Mas se a atropela o povo turbulento!
Se fosse, por acaso, ali pisada!"
De repente, paraste embaraçada
Ao pé dum numeroso ajuntamento.

E eu, que urdia estes fáceis esbocetos,
Julguei ver, com a vista de poeta,
Uma pombinha tímida e quieta
Num bando ameaçador de corvos pretos.

E foi, então, que eu, homem varonil,
Quis dedicar-te a minha pobre vida,
A ti, que és tênue, dócil, recolhida,
Eu, que sou hábil, prático, viril.

1875

HUMILHAÇÕES

De todo o coração – a Silva Pinto

Esta aborrece quem é pobre. Eu, quase Jó,
Aceito os seus desdéns, seus ódios idolatro-os;
E espero-a nos salões dos principais teatros,
Todas as noites, ignorado e só.

Lá cansa-me o ranger da seda, a orquestra, o gás;
As damas, ao chegar, gemem nos espartilhos,
E enquanto vão passando as cortesãs e os brilhos,
Eu analiso as peças no cartaz.

Na representação dum drama de Feuillet,
Eu aguardava, junto à porta, na penumbra,
Quando a mulher nervosa e vã que me deslumbra
Saltou soberba o estribo do *coupé*.

Como ela marcha! Lembra um magnetizador.
Roçavam no veludo as guarnições das rendas;
E, muito embora tu, burguês, me não entendas,
Fiquei batendo os dentes de terror.

Sim! Porque não podia abandoná-la em paz!
Ó minha pobre bolsa, amortalhou-se a idéia
De vê-la aproximar, sentado na platéia,
De tê-la num binóculo mordaz!

Eu ocultava o fraque usado nos botões;
Cada contratador dizia em voz rouquenha:
– Quem compra algum bilhete ou vende alguma
                                        [senha?
  E ouviam-se cá fora as ovações.

Que desvanecimento! A pérola do Tom!
As outras ao pé dela imitam de bonecas;
Têm menos melodia as harpas e as rabecas,
  Nos grandes espetáculos do Som.

Ao mesmo tempo, eu não deixava de a abranger;
Via-a subir, direita, a larga escadaria
E entrar no camarote. Antes estimaria
  Que o chão se abrisse para me abater.

Saí; mas ao sair senti-me atropelar.
Era um municipal sobre um cavalo. A guarda
Espanca o povo. Irei-me; e eu, que detesto a farda,
  Cresci com raiva contra o militar.

De súbito, fanhosa, infecta, rota, má,
Pôs-se na minha frente uma velhinha suja,
E disse-me, piscando os olhos de coruja:
  – Meu bom senhor! Dá-me um cigarro? Dá?...

                                        s/d

NUM BAIRRO MODERNO

A Manuel Ribeiro

Dez horas da manhã; os transparentes
Matizam uma casa apalaçada;
Pelos jardins estancam-se as nascentes,
E fere a vista, com brancuras quentes,
A larga rua macadamizada.

Rez-de-chaussée repousam sossegados,
Abriram-se, nalguns, as persianas,
E dum ou doutro, em quartos estucados,
Ou entre a rama dos papéis pintados,
Reluzem, num almoço, as porcelanas.

Como é saudável ter o seu conchego,
E a sua vida fácil! Eu descia,
Sem muita pressa, para o meu emprego,
Aonde agora quase sempre chego
Com as tonturas duma apoplexia.

E rota, pequenina, azafamada,
Notei de costas uma rapariga,
Que no xadrez marmóreo duma escada,
Como um retalho de horta aglomerada,
Pousara, ajoelhando, a sua giga.

E eu, apesar do sol, examinei-a:
Pôs-se de pé; ressoam-lhe os tamancos;
E abre-se-lhe o algodão azul da meia,
Se ela se curva, esgadelhada, feia,
E pendurando os seus bracinhos brancos.

Do patamar responde-lhe um criado:
"Se te convém, despacha; não converses.
Eu não dou mais." E muito descansado,
Atira um cobre ignóbil, oxidado,
Que vem bater nas faces duns alperces.

Subitamente, – que visão de artista! –
Se eu transformasse os simples vegetais,
À luz do sol, o intenso colorista,
Num ser humano que se mova e exista
Cheio de belas proporções carnais?!

Bóiam aromas, fumos de cozinha;
Com o cabaz às costas, e vergando,
Sobem padeiros, claros de farinha;
E às portas, uma ou outra campainha
Toca, frenética, de vez em quando.

E eu recompunha, por anatomia,
Um novo corpo orgânico, aos bocados.
Achava os tons e as formas. Descobria
Uma cabeça numa melancia,
E nuns repolhos seios injetados.

As azeitonas, que nos dão o azeite,
Negras e unidas, entre verdes folhos,
São tranças dum cabelo que se ajeite;
E os nabos – ossos nus, da cor do leite,
E os cachos de uvas – os rosários de olhos.

Há colos, ombros, bocas, um semblante
Nas posições de certos frutos. E entre
As hortaliças, túmido, fragrante,
Como de alguém que tudo aquilo jante,
Surge um melão, que lembrou um ventre.

E, como um feto, enfim, que se dilate,
Vi nos legumes carnes tentadoras,
Sangue na ginja vívida, escarlate,
Bons corações pulsando no tomate
E dedos hirtos, rubros, nas cenouras.

O sol dourava o céu. E a regateira,
Como vendera a sua fresca alface
E dera o ramo de hortelã que cheira,
Voltando-se, gritou-me, prazenteira:
"Não passa mais ninguém!... Se me ajudasse?!..."

Eu acerquei-me dela, sem desprezo;
E, pelas duas asas a quebrar,
Nós levantamos todo aquele peso
Que ao chão de pedra resistia preso,
Com um enorme esforço muscular.

"Muito obrigada! Deus lhe dê saúde!"
E recebi, naquela despedida,
As forças, a alegria, a plenitude,
Que brotam dum excesso de virtude
Ou duma digestão desconhecida.

E enquanto sigo para o lado oposto,
E ao longe rodam umas carruagens,
A pobre afasta-se, ao calor de agosto,
Descolorida nas maçãs do rosto,
E sem quadris na saia de ramagens.

Um pequerrucho rega a trepadeira
Duma janela azul; e, com o ralo
Do regador, parece que joeira
Ou que borrifa estrelas; e a poeira
Que eleva nuvens alvas a incensá-lo.

Chegam do gigo emanações sadias,
Ouço um canário – que infantil chilrada! –
Lidam *ménages* entre as gelosias,
E o sol estende, pelas frontarias,
Seus raios de laranja destilada.

E pitoresca e audaz, na sua chita,
O peito erguido, os pulsos nas ilhargas,
Duma desgraça alegre que me incita,
Ela apregoa, magra, enfezadita,
As suas couves repolhudas, largas.

E, como as grossas pernas dum gigante,
Sem tronco, mas atléticas, inteiras,
Carregam sobre a pobre caminhante,
Sobre a verdura rústica, abundante,
Duas frugais abóboras carneiras.

1877

MERINA

Rosto comprido, airosa, angelical, macia,
Por vezes, a alemã que eu sigo e que me agrada,
Mais alva que o luar de inverno que me esfria,
Nas ruas a que o gás dá noites de balada;

Sob os abafos bons que o Norte escolheria,
Com seu passinho curto e em suas lãs forrada,
Recorda-me a elegância, a graça, a galhardia
De uma ovelhinha branca, ingênua e delicada.

1878

SARDENTA

Tu, nesse corpo completo,
Ó láctea virgem doirada!
Tens o linfático aspecto
Duma camélia melada.

                    1878

CRISTALIZAÇÕES

A Bettencourt Rodrigues, meu amigo

Faz frio. Mas, depois duns dias de aguaceiros,
Vibra uma imensa claridade crua.
De cócoras, em linha, os calceteiros,
Com lentidão, terrosos e grosseiros,
Calçam de lado a lado a longa rua.

Como as elevações secaram do relento,
E o descoberto sol abafa e cria!
A frialdade exige o movimento;
E as poças de água, como um chão vidrento,
Refletem a molhada casaria.

Em pé e perna, dando aos rins que a marcha agita,
Disseminadas, gritam as peixeiras;
Luzem, aquecem na manhã bonita,
Uns barracões de gente pobrezita,
E uns quintalórios velhos, com parreiras.

Não se ouvem aves; nem o choro duma nora!
Tomam por outra parte os viandantes;
E o ferro e a pedra – que união sonora! –
Retinem alto pelo espaço fora,
Com choques rijos, ásperos, cantantes.

Bom tempo. E os rapagões, morosos, duros, baços,
Cuja coluna nunca se endireita,
Partem penedos. Voam-lhe estilhaços.
Pesam enormemente os grossos maços,
Com que outros batem a calçada feita.

A sua barba agreste! A lã dos seus barretes!
Que espessos forros! Numa das regueiras
Acamam-se as japonas, os coletes;
E eles descalçam com os picaretes,
Que ferem lume sobre pederneiras.

E nesse rude mês, que não consente as flores,
Fundeiam, como esquadra em fria paz,
As árvores despidas. Sóbrias cores!
Mastros, enxárcias, vergas! Valadores
Atiram terra com as largas pás.

Eu julgo-me no Norte, ao frio – o grande agente! –
Carros de mão, que chiam carregados,
Conduzem saibro, vagarosamente;
Vê-se a cidade, mercantil, contente:
Madeiras, águas, multidões, telhados!

Negrejam os quintais; enxuga a alvenaria;
　Em arco, sem as nuvens flutuantes,
　O céu renova a tinta corredia;
　E os charcos brilham tanto que eu diria
　Ter ante mim lagoas de brilhantes!

E engelhem muito embora, os fracos, os tolhidos,
　Eu tudo encontro alegremente exato.
　Lavo, refresco, limpo os meus sentidos,
　E tangem-me, excitados, sacudidos,
　O tato, a vista, o ouvido, o gosto, o olfato!

Pede-me o corpo inteiro esforços na friagem
　De tão lavada e igual temperatura!
　Os ares, o caminho, a luz reagem;
　Cheira-me a fogo, a sílex, a ferragem;
　Sabe-me a campo, a lenha, a agricultura.

Mal encarado e negro, um pára enquanto eu passo,
　Dois assobiam, altas as marretas
　Possantes, grossas, temperadas de aço;
　E um gordo, o mestre, com um ar ralasso
　E manso, tira o nível das valetas.

Homens de carga! Assim as bestas vão curvadas!
Que vida tão custosa! Que diabo!
E os cavadores descansam as enxadas,
E cospem nas calosas mãos gretadas,
Para que não lhes escorregue o cabo.

Povo! No pano cru rasgado das camisas
Uma bandeira penso que transluz!
Com ela sofres, bebes, agonizas:
Listrões de vinho lançam-lhe divisas,
E os suspensórios traçam-lhe uma cruz!

De escuro, bruscamente, ao cimo da barroca,
Surge um perfil direito que se aguça;
E ar matinal de quem saiu da toca,
Uma figura fina desemboca,
Toda abafada num casaco à russa.

Donde ela vem! A atriz que eu tanto cumprimento
E a quem, à noite, na platéia, atraio
Os olhos lisos como polimento!
Com seu rostinho estreito, friorento,
Caminha agora para o seu ensaio.

E aos outros eu admiro os dorsos, os costados
Como lajões. Os bons trabalhadores!
Os filhos das lezírias, dos montados:
Os das planícies, altos, aprumados;
Os das montanhas, baixos, trepadores!

Mas fina de feições, o queixo hostil, distinto,
Furtiva a tiritar em suas peles,
Espanta-me a atrizita que hoje pinto,
Neste dezembro enérgico, sucinto,
E nestes sítios suburbanos, reles!

Como animais comuns, que uma picada esquente,
Eles, bovinos, másculos, ossudos,
Encaram-na sangüínea, brutamente;
E ela vacila, hesita, impaciente
Sobre as botinas de tacões agudos.

Porém, desempenhando o seu papel na peça,
Sem que inda o público a passagem abra,
O demonico arrisca-se, atravessa
Covas, entulhos, lamaçais, depressa,
Com seus pezinhos rápidos, de cabra!

1878

NOITADA

Lembras-te tu do sábado passado,
Do passeio que demos, devagar,
Entre um saudoso gás amarelado
E as carícias leitosas do luar?

Eu lembro bem as altas ruazinhas,
Que ambos nós percorremos, de mãos dadas;
Às janelas palravam as vizinhas;
Tinham lívidas luzes as fachadas.

Não me esqueço das coisas que disseste,
Ante um pesado templo com recortes;
E os cemitérios ricos, e o cipreste
Que vive de gorduras e de mortes!

Nós saíramos próximo ao sol-posto,
Mas seguíamos cheios de demoras;
Não me esqueceu ainda o meu desgosto
Nem o sino rachado que deu horas.

Tenho ainda gravado no sentido,
Porque tu caminhavas com prazer,
Cara rapada, gordo e presumido,
O padre que parou para te ver.

Como uma mitra a cúpula da igreja
Cobria parte do ventoso largo;
E essa boca viçosa de cereja
Torcia risos com sabor amargo.

A lua dava trêmulas brancuras,
Eu ia cada vez mais magoado;
Vi um jardim com árvores escuras,
Como uma jaula todo gradeado!

E para te seguir entrei contigo
Num pátio velho que era dum canteiro,
E onde, talvez, se faça inda o jazigo
Em que eu irei apodrecer primeiro!

Eu sinto ainda a flor da tua pele,
Tua luva, teu véu, o que tu és!
Não sei que tentação é que te impele
Os pequeninos e cansados pés.

Sei que em tudo atentavas, tudo vias!
Eu por mim tinha pena dos marçanos,
Como ratos, nas gordas mercearias,
Encafurnados por imensos anos!

Tu sorrias de tudo: os carvoeiros
Que aparecem ao fundo dessas ruínas,
E à crua luz os pálidos barbeiros
Com óleos e maneiras femininas!

Fins de semana! Que miséria em bando!
O povo folga, estúpido e grisalho!
E os artistas de ofício iam passando,
Com as férias, ralados do trabalho.

O quadro interior, dum que à candeia,
Ensina a filha a ler, meteu-me dó!
Gosto mais do plebeu que cambaleia,
Do bêbado feliz que fala só!

De súbito, na volta de uma esquina,
Sob um bico de gás que abria em leque,
Vimos um militar, de barretina
E dourados galões de pechisbeque.

E enquanto ele falava ao seu namoro,
Que morava num prédio de azulejo,
Nos nossos lábios retiniu em coro
Um vigoroso e estrepitoso beijo!

E assim ao meu capricho abandonada,
Erramos por travessas, por vielas,
E passamos por pé duma tapada
E um palácio real com sentinelas.

E eu que busco a moderna e fina arte,
Sobre a umbrosa calçada sepulcral,
Tive a rude intenção de violentar-te
Imbecilmente como um animal!

Mas ao rumor dos ramos e da aragem,
Como longínquos bosques muito ermos,
Tu querias no meio da folhagem
Um ninho enorme para nós vivermos.

E ao passo que eu te ouvia abstratamente,
Ó grande pomba tépida que arrulha,
Vinham batendo o macadame fremente,
As patadas sonoras da patrulha.

E através a imortal cidadezinha,
Nós fomos ter às portas, às barreiras,
Em que uma negra multidão se apinha
De tecelões, de fumos, de caldeiras.

Mas a noite dormente e esbranquiçada
Era uma esteira lúcida de amor;
Ó jovial senhora perfumada,
Ó terrível criança! Que esplendor!

E ali começaria o meu desterro!...
Lodoso o rio, e glacial, corria;
Sentamo-nos, os dois, num novo aterro
Na muralha dos cais de cantaria.

Nunca mais amarei já que não amas,
E é preciso, decerto, que me deixes!
Toda a maré luzia como escamas,
Como alguidar de prateados peixes.

E como é necessário que eu me afoite
A perder-me de ti por quem existo,
Eu fui passar ao campo aquela noite
E andei léguas a pé pensando nisto.

E tu que não serás somente minha,
Às carícias leitosas do luar,
Recolheste-te, pálida e sozinha,
À gaiola do teu terceiro andar!

1879

NUM ÁLBUM

I

És uma tentadora: o teu olhar amável
Contém perfeitamente um poço de maldade,
E o colo que te ondula, o colo inexorável
Não sabe o que é paixão, e ignora o que é bondade.

II

Quando me julgas preso a eróticas cadeias
Radia-te na fronte o céu das alvoradas,
E quando choro então é quando garganteias
As óperas de Verdi e as árias estimadas.

III

Mas eu hei de afinal seguir-te a toda a parte,
E um dia quando eu for a sombra dos teus passos,
Tantos crimes terás, que eu hei de processar-te,
E enfim hás de morrer na forca dos meus braços.

s/d

EM PETIZ

I

De tarde

Mais morta do que viva, a minha companheira
Nem força teve em si para soltar um grito;
E eu, nesse tempo, um destro e bravo rapazito,
Como um homenzarrão servi-lhe de barreira!

Em meio de arvoredo, azenhas e ruínas,
Pulavam para a fonte as bezerrinhas brancas;
E, tetas a abanar, as mães, de largas ancas,
Desciam mais atrás, malhadas e turinas.

Do seio do lugar – casitas com postigos –
Vem-nos o leite. Mas batizam-no primeiro.
Leva-o, de madrugada, em bilhas, o leiteiro,
Cujo pregão vos tira ao vosso sono, amigos!

Nós dávamos, os dois, um giro pelo vale:
Várzeas, povoações, pegos, silêncios vastos!
E os fartos animais, ao recolher dos pastos,
Roçavam pelo teu "costume de percale".

Já não receias tu essa vaquita preta,
Que eu segurei, prendi por um chavelho? Juro
Que estavas a tremer, cosida com o muro,
Ombros em pé, medrosa, e fina, de luneta!

II

Os irmãozinhos

Pois eu, que no deserto dos caminhos,
Por ti me expunha imenso contra as vacas;
Eu, que apartava as mansas das velhacas,
Fugia com terror dos pobrezinhos!

Vejo-os no pátio, ainda! Ainda os ouço!
Os velhos que nos rezam padre-nossos;
Os mandriões que rosnam, altos, grossos;
E os cegos que se apóiam sobre o moço.

Ah! Os ceguinhos com a cor dos barros,
Ou que a poeira no suor mascarra,
Chegam das feiras a tocar guitarra,
Rolam os olhos como dois escarros!

E os pobres metem medo! Os de marmita,
Para forrar, por ano, alguns patacos,
Entrapam-se nas mantas com buracos,
Choramingando, a voz rachada, aflita.

Outros pedincham pelas cinco chagas;
E no poial, tirando as ligaduras,
Mostram as pernas pútridas, maduras,
Com que se arrastam pelas azinhagas!

Querem viver! E picam-se nos cardos;
Correm as vilas; sobem os outeiros;
E às horas de calor, nos esterqueiros,
De roda deles zumbem os moscardos.

Aos sábados, os monstros que eu lamento
Batiam ao portão com seus cajados;
E um aleijado com os pés quadrados
Pedia-nos de cima de um jumento.

O resmungão! Que barbas! Que sacolas!
Cheirava a migas, a bafio, a arrotos;
Dormia as noites por telheiros rotos,
E sustentava o burro a pão de esmolas.

*

Ó minha loura e doce como um bolo!
Afável hóspeda na nossa casa,
Logo que a tórrida cidade abrasa,
Como um enorme forno de tijolo!

Tu visitavas, esmoler, garrida,
Umas crianças num casal queimado;
E eu, pela estrada, espicaçava o gado,
Numa atitude esperta e decidida.

Por lobisomens, por papões, por bruxas,
Nunca sofremos o menor receio.
Temíeis vós, porém, o meu asseio,
Mendigazitas sórdidas, gorduchas!

Vícios, sezões, epidemias, furtos,
Decerto, fermentavam entre lixos;
Que podridão cobria aqueles bichos!
E que luar os teus fatinhos curtos!

*

Sei de uma pobre, apenas, sem desleixos,
Ruça, descalça, a trote nos atalhos,
E que lavava o corpo e os seus retalhos
No rio, ao pé dos choupos e dos freixos.

E a doida a quem chamavam a "Ratada"
E que falava só! Que antipatia!
E se com ela a malta contendia,
Quanta indecência! Quanta palavrada!

Uns operários, nestes descampados,
Também surdiam, de chapéu de coco,
Dizendo-se, de olhar rebelde e louco,
Artistas despedidos, desgraçados.

Muitos! E um bêbado – o Camões – que fora
Rico, e morreu a mendigar, zarolho,
Com uma pala verde sobre um olho!
Tivera ovelhas, bois, mulher, lavoura.

E o resto? Bandos de selvagenzinhos:
Um nu que se gabava de maroto;
Um, que cortada a mão, coçava o coto,
E os bons que nos tratavam por padrinhos.

Pediam fatos, botas, cobertores!
Outro jogava bem o pau, e vinha
Chorar, humilde, junto da cozinha:
"Cinco-réizinhos!... Nobres benfeitores!..."

E quando alguns ficavam nos palheiros,
E de manhã catavam os piolhos;
Enquanto o sol batia nos restolhos
E os nossos cães ladravam, rezingueiros!

Hoje entristeço. Lembro-me dos coxos,
Dos surdos, dos manhosos, dos manetas.
Socavam as calçadas, as muletas;
Cantavam, no pomar, os pintarroxos!

III

Histórias

Cismático, doente, azedo, apoquentado,
Eu agourava o crime, as facas, a enxovia,
Assim que um besuntão dos tais se apercebia
Da minha blusa azul e branca de riscado.

Mináveis-me, ao serão, a cabecita loura,
Com contos de província, ingênuas criaditas:
Quadrilhas assaltando as quintas mais bonitas,
E pondo a gente fina, em postas, de salmoura!

Na noite velha, a mim, como tições ardendo,
Fitavam-me os olhões pesados das ciganas;
Deitavam-nos o fogo aos prédios e arribanas;
Cercava-me um incêndio ensangüentado, horrendo.

E eu que era um cavalão, eu que fazia pinos,
Eu que jogava a pedra, eu que corria tanto;
Sonhava que os ladrões – homens de quem me
[espanto –
Roubavam para azeite a carne dos meninos!

E protegia-te eu, naquele outono brando,
Mal tu sentias, entre as serras esmoitadas,
Gritos de maiorais, mugidos de boiadas,
Branca de susto, meiga, e míope, estacando!

1878

MANHÃS BRUMOSAS

(versos dum inglês)

Aquela, cujo amor me causa tanta pena,
Põe o chapéu ao lado, abre o cabelo à banda,
E com a forte voz cantada com que ordena,
Lembra-me, de manhã, quando nas praias anda,
Por entre o campo e o mar, bucólica, morena,
Uma pastora audaz da religiosa Irlanda.

Que línguas fala? A ouvir-lhe as inflexões inglesas,
– Na névoa azul, a caça, as pescas, os rebanhos! –
Sigo-lhe os altos pés por estas asperezas;
E o meu desejo nada em época de banhos,
E, ave de arribação, ele enche de surpresas
Seus olhos de perdiz, redondos e castanhos.

As irlandesas têm soberbos desmazelos!
Ela descobre assim, com lentidões ufanas,
Alta, escorrida, abstrata, os grossos tornozelos;
E como aquelas são marítimas, serranas,
Sugere-se o naufrágio, as músicas, os gelos
E as redes, a manteiga, os queijos, as choupanas.

Parece um *rural boy*! Sem brincos nas orelhas,
Traz um vestido claro a comprimir-lhe os flancos,
Botões a tiracolo e aplicações vermelhas;
E à roda, num país de prados e barrancos,
Se as minhas mágoas vão, mansíssimas ovelhas,
Correm os seus desdéns, como vitelos brancos.

E aquela, cujo amor me causa tanta pena,
Põe o chapéu ao lado, abre o cabelo à banda,
E com a forte voz cantada com que ordena,
Lembra-me, de manhã, quando nas praias anda,
Por entre o campo e o mar, católica, morena,
Uma pastora audaz da religiosa Irlanda.

1877

O SENTIMENTO DUM OCIDENTAL

I

Nas nossas ruas, ao anoitecer,
Há tal soturnidade, há tal melancolia,
Que as sombras, o bulício, o Tejo, a maresia
Despertam-me um desejo absurdo de sofrer.

O céu parece baixo e de neblina,
O gás extravasado enjoa-nos, perturba;
E os edifícios, com as chaminés, e a turba
Toldam-se duma cor monótona e londrina.

Batem os carros de aluguer, ao fundo,
Levando à via-férrea os que se vão. Felizes!
Ocorrem-me em revista, exposições, países:
Madri, Paris, Berlim, S. Petersburgo, o mundo!

Semelham-se a gaiolas, com viveiros,
As edificações somente emadeiradas:
Como morcegos, ao cair das badaladas,
Saltam de viga em viga os mestres carpinteiros.

Voltam os calafates, aos magotes,
De jaquetão ao ombro, enfarruscados, secos;
Embrenho-me, a cismar, por boqueirões, por becos,
Ou erro pelos cais a que se atracam botes.

E evoco, então, as crônicas navais:
Mouros, baixéis, heróis, tudo ressuscitado!
Luta Camões no Sul, salvando um livro, a nado!
Singram soberbas naus que eu não verei jamais!

E o fim da tarde inspira-me; e incomoda!
De um couraçado inglês vogam os escaleres;
E em terra num tinir de louças e talheres
Flamejam, ao jantar, alguns hotéis da moda.

Num trem de praça arengam dois dentistas;
Um trôpego arlequim braceja numas andas;
Os querubins do lar flutuam nas varandas;
Às portas, em cabelo, enfadam-se os lojistas!

Vazam-se os arsenais e as oficinas;
Reluz, viscoso, o rio; apressam-se as obreiras;
E num cardume negro, hercúleas, galhofeiras,
Correndo com firmeza, assomam as varinas.

Vêm sacudindo as ancas opulentas!
Seus troncos varonis recordam-me pilastras;
E algumas, à cabeça, embalam nas canastras
Os filhos que depois naufragam nas tormentas.

Descalças! Nas descargas de carvão,
Desde manhã à noite, a bordo das fragatas;
E apinham-se num bairro aonde miam gatas,
E o peixe podre gera os focos de infecção!

II

Toca-se às grades, nas cadeias. Som
Que mortifica e deixa umas loucuras mansas!
O Aljube, em que hoje estão velhinhas e crianças,
Bem raramente encerra uma mulher de "dom"!

E eu desconfio, até, de um aneurisma
Tão mórbido me sinto, ao acender das luzes;
À vista das prisões, da velha Sé, das Cruzes,
Chora-me o coração que se enche e que se abisma.

A espaços, iluminam-se os andares,
E as tascas, os cafés, as tendas, os estancos
Alastram em lençol os seus reflexos brancos;
E a lua lembra o circo e os jogos malabares.

Duas igrejas, num saudoso largo,
Lançam a nódoa negra e fúnebre do clero:
Nelas esfumo um ermo inquisidor severo,
Assim que pela história eu me aventuro e alargo.

Na parte que abateu no terremoto,
Muram-me as construções retas, iguais, crescidas,
Afrontam-me, no resto, as íngremes subidas,
E os sinos de um tanger monástico e devoto.

Mas, num recinto público e vulgar,
Com bancos de namoro e exíguas pimenteiras,
Brônzeo, monumental, de proporções guerreiras,
Um épico doutrora ascende, num pilar!

E eu sonho o Cólera, imagino a Febre,
Nesta acumulação de corpos enfezados;
Sombrios e espectrais recolhem os soldados,
Inflama-se um palácio em face de um casebre.

Partem patrulhas de cavalaria
Dos arcos dos quartéis que foram já conventos:
Idade Média! A pé, outras, a passos lentos,
Derramam-se por toda a capital, que esfria.

Triste cidade! Eu temo que me avives
Uma paixão defunta! Aos lampiões distantes,
Enlutam-me, alvejando, as tuas elegantes,
Curvadas a sorrir às montras dos ourives.

E mais: as costureiras, as floristas
Descem dos *magasins*, causam-me sobressaltos;
Custa-lhes a elevar os seus pescoços altos
E muitas delas são comparsas ou coristas.

E eu, de luneta de uma lente só,
Eu acho sempre assunto a quadros revoltados:
Entro na *brasserie*; às mesas de emigrados,
Joga-se, alegremente e ao gás, o dominó.

III

E saio. A noite pesa, esmaga. Nos
Passeios de lajedo arrastam-se as impuras.
Ó moles hospitais! Sai das embocaduras
Um sopro que arrepia os ombros quase nus.

Cercam-me as lojas, tépidas. Eu penso
Ver círios laterais, ver filas de capelas,
Com santos e fiéis, andores, ramos, velas,
Em uma catedral de um comprimento imenso.

As burguesinhas do catolicismo
Resvalam pelo chão minado pelos canos;
E lembram-me, ao chorar doente dos pianos,
As freiras que os jejuns matavam de histerismo.

Num cuteleiro, de avental, ao torno,
Um forjador maneja um malho, rubramente;
E de uma padaria exala-se, inda quente,
Um cheiro salutar e honesto a pão no forno.

E eu, que medito um livro que exacerbe,
Quisera que o real e a análise mo dessem:
Casas de confecções e modas resplandecem;
Pelas *vitrines* olha um ratoneiro imberbe.

Longas descidas! Não poder pintar
Com versos magistrais, salubres e sinceros,
A esguia difusão dos vossos reverberos,
E a vossa palidez romântica e lunar!

Que grande cobra, a lúbrica pessoa,
Que espartilhada escolhe uns xales com debuxo!
Sua excelência atrai, magnética, entre o luxo,
Que ao longo dos balcões de mogno se amontoa.

E aquela velha, de bandós! Por vezes,
A sua *traîne* imita um leque antigo, aberto,
Nas barras verticais, as duas tintas. Perto,
Escarvam, à vitória, os seus mecklemburgueses.

Desdobram-se tecidos estrangeiros;
Plantas ornamentais secam nos mostradores;
Flocos de pós-de-arroz pairam sufocadores,
E em nuvens de cetins requebram-se os caixeiros.

Mas tudo cansa! Apagam-se, nas frentes,
Os candelabros, como estrelas, pouco a pouco;
Da solidão regouga um cauteleiro rouco;
Tornam-se mausoléus as armações fulgentes.

"Dó da miséria!... Compaixão de mim!..."
E, nas esquinas, calvo, eterno, sem repouso,
Pede-nos sempre esmola um homenzinho idoso,
Meu velho professor nas aulas de latim!

IV

O teto fundo de oxigênio, de ar,
Estende-se ao comprido, ao meio das trapeiras;
Vêm lágrimas de luz dos astros com olheiras,
Enleva-me a quimera azul de transmigrar.

Por baixo, que portões! Que arruamentos!
Um parafuso cai nas lajes, às escuras:
Colocam-se taipais, rangem as fechaduras,
E os olhos dum caleche espantam-me, sangrentos.

E eu sigo, como as linhas de uma pauta,
A dupla correnteza augusta das fachadas;
Pois sobem, no silêncio, infaustas e trinadas,
As notas pastoris de uma longínqua flauta.

Se eu não morresse, nunca! E eternamente
Buscasse e conseguisse a perfeição das coisas!
Esqueço-me a prever castíssimas esposas,
Que aninhem em mansões de vidro transparente!

Ó nossos filhos! Que de sonhos ágeis,
Pousando, vos trarão a nitidez às vidas!
Eu quero as vossas mães e irmãs estremecidas,
Numas habitações translúcidas e frágeis.

Ah! Como a raça ruiva do porvir,
E as frotas dos avós, e os nômadas ardentes,
Nós vamos explorar todos os continentes
E pelas vastidões aquáticas seguir!

Mas se vivemos, os emparedados,
Sem árvores, no vale escuro das muralhas!...
Julgo avistar, na treva, as folhas das navalhas
E os gritos de socorro ouvir, estrangulados.

E nestes nebulosos corredores
Nauseiam-me, surgindo, os ventres das tabernas;
Na volta, com saudade, e aos bordos sobre as pernas,
Cantam, de braço dado, uns tristes bebedores.

Eu não receio, todavia, os roubos;
Afastam-se, a distância, os dúbios caminhantes;
E sujos, sem ladrar, ósseos, febris, errantes,
Amareladamente, os cães parecem lobos.

E os guardas, que revistam as escadas,
Caminham de lanterna e servem de chaveiros;
Por cima, as imorais, nos seus roupões ligeiros,
Tossem, fumando sobre a pedra das sacadas.

E, enorme, nesta massa irregular
De prédios sepulcrais, com dimensões de montes,
A dor humana busca os amplos horizontes,
E tem marés, de fel, como um sinistro mar!

1880

DE VERÃO

A Eduardo Coelho

I

No campo; eu acho nele a musa que me anima:
A claridade, a robustez, a ação.
Esta manhã, saí com minha prima,
Em quem eu noto a mais sincera estima
E a mais completa e séria educação.

II

Criança encantadora! Eu mal esboço o quadro
Da lírica excursão, de intimidade.
Não pinto a velha ermida com seu adro;
Sei só desenho de compasso e esquadro,
Respiro indústria, paz, salubridade.

III

Andam cantando aos bois; vamos cortando as leiras;
E tu dizias: "Fumas? E as fagulhas?
Apaga o teu cachimbo junto às eiras;
Colhe-me uns brincos rubros nas ginjeiras!
Quanto me alegra a calma das debulhas!"

IV

E perguntavas sobre os últimos inventos
Agrícolas. Que aldeias tão lavadas!
Bons ares! Boa luz! Bons alimentos!
Olha: os saloios vivos, corpulentos,
Como nos fazem grandes barretadas!

V

Voltemos. Na ribeira abundam as ramagens
Dos olivais escuros. Onde irás?
Regressam os rebanhos das pastagens;
Ondeiam milhos, nuvens e miragens,
E, silencioso, eu fico para trás.

VI

Numa colina azul brilha um lugar caiado.
Belo! E arrimada ao cabo da sombrinha,
Com teu chapéu de palha desabado,
Tu continuas na azinhaga; ao lado
Verdeja, vicejante, a nossa vinha.

VII

Nisto, parando, como alguém que se analisa,
Sem desprender do chão teus olhos castos,
Tu começaste, harmônica, indecisa,
A arregaçar a chita, alegre e lisa
Da tua cauda um poucochinho a rastos.

VIII

Espreitam-te, por cima, as frestas dos celeiros;
O sol abrasa as terras já ceifadas,
E alvejam-te, na sombra dos pinheiros,
Sobre os teus pés decentes, verdadeiros,
As saias curtas, frescas, engomadas.

IX

E, como quem saltasse, extravagantemente,
Em rego de água sem se enxovalhar,
Tu, a austera, a gentil, a inteligente,
Depois de bem composta, deste à frente
Uma pernada cômica, vulgar!

X

Exótica! E cheguei-me ao pé de ti. Que vejo!
  No atalho enxuto, e branco das espigas
  Caídas das carradas no salmejo,
  Esguio e a negrejar em um cortejo,
  Destaca-se um carreiro de formigas.

XI

Elas, em sociedade, espertas, diligentes,
  Na natureza trêmula de sede,
  Arrastam bichos, uvas e sementes;
  E atulham, por instinto, previdentes,
  Seu antros quase ocultos na parede.

XII

E eu desatei a rir como qualquer macaco!
  "Tudo não as esmagares contra o solo!"
  E ria-me, eu ocioso, inútil, fraco,
  Eu de jasmim na casa do casaco
  E de óculo deitado a tiracolo!

XIII

"As ladras da colheita! Eu se trouxesse agora
Um sublimado corrosivo, uns pós
De solimão, eu, sem maior demora,
Envenená-las-ia! Tu, por ora,
Preferes o romântico ao feroz.

XIV

"Que compaixão! Julgava até que matarias
Esses insetos importunos! Basta.
Merecem-te espantosas simpatias?
Eu felicito suas senhorias,
Que honraste com um pulo de ginasta!"

XV

E enfim calei-me. Os teus cabelos muito louros
Luziam, com doçura, honestamente;
De longe o trigo em monte, e os calcadouros,
Lembravam-me fusões de imensos ouros,
E o mar um prado verde e florescente.

XVI

Vibravam, na campina, as chocas da manada;
Vinham uns carros a gemer no outeiro,
E finalmente, enérgica, zangada,
Tu inda assim bastante envergonhada,
Volveste-me, apontando o formigueiro:

XVII

"Não me incomode, não, com ditos detestáveis!
Não seja simplesmente um zombador!
Estas mineiras negras, incansáveis,
São mais economistas, mais notáveis,
E mais trabalhadoras que o senhor."

s/d

NÓS

(a A. de S. e V.)

I

Foi quando em dois verões seguidamente a Febre
E o Cólera também andaram na cidade,
Que esta população, com um terror de lebre,
Fugiu da capital como da tempestade.

Ora meu pai, depois das nossas vidas salvas
(Até então nós só tivéramos sarampo),
Tanto nos viu crescer entre os montões de malvas
Que ele ganhou por isso um grande amor ao campo!

Se acaso o conta, ainda a fronte se lhe enruga:
O que se ouvia sempre era o dobrar dos sinos;
Mesmo no nosso prédio, os outros inquilinos
Morreram todos. Nós salvamo-nos na fuga.

Na parte mercantil, foco da epidemia,
Um pânico! Nem um navio entrava a barra,
A alfândega parou, nenhuma loja abria
E os turbulentos cais cessaram a algazarra.

Pela manhã, em vez dos trens dos batizados,
Rodavam sem cessar as seges dos enterros.
Que triste a sucessão dos armazéns fechados!
Como um domingo inglês na *city* que desterros!

Sem canalização em muitos burgos ermos,
Secavam dejeções cobertas de mosqueiros.
E os médicos ao pé dos padres e coveiros,
Os últimos fiéis, tremiam dos enfermos!

Uma iluminação a azeite de purgueira,
De noite amarelava os prédios macilentos.
Barricas de alcatrão ardiam; de maneira
Que tinham tons de inferno outros arruamentos.

Porém, lá fora, à solta, exageradamente,
Enquanto acontecia essa calamidade,
Toda a vegetação, pletórica, potente,
Ganhava imenso com a enorme mortandade!

Num ímpeto de seiva os arvoredos fartos,
Numa opulenta fúria as novidades todas,
Como uma universal celebração de bodas,
Amaram-se! E depois houve soberbos partos.

Por isso, o chefe antigo e bom da nossa casa,
Triste de ouvir falar em órfãos e em viúvas,
E em permanência olhando o horizonte em brasa,
Não quis voltar senão depois das grandes chuvas.

Ele, dum lado, via os filhos achacados,
Um lívido flagelo e uma moléstia horrenda!
E via, do outro lado, eiras, lezírias, prados,
E um salutar refúgio e um lucro na vivenda!

E o campo, desde então, segundo o que me lembro,
É todo o meu amor de todos estes anos!
Nós vamos para lá; somos provincianos
Desde o calor de maio aos frios de novembro!

II

Que de fruta! E que fresca e temporã,
Nas duas boas quintas bem muradas,
Em que o sol, nos talhões e nas latadas,
Bate de chapa, logo de manhã!

O laranjal de folhas negrejantes
(Porque os terrenos são resvaladiços)
Desce em socalcos todos os maciços,
Como uma escadaria de gigantes.

Das courelas, que criam cereais,
De que os donos – ainda! – pagam foros,
Dividem-no fechados pitosporos,
Abrigos de raízes verticais.

    Ao meio, a casaria branca assenta
À beira da calçada, que divide
Os escuros pomares de pevide,
Da vinha, numa encosta soalhenta!

    Entretanto não há maior prazer
Do que, na placidez das duas horas,
Ouvir e ver, entre o chiar das noras,
No largo tanque as bicas a correr!

    Muito ao fundo, entre ulmeiros seculares,
Seca o rio! Em três meses de estiagem,
O seu leito é um atalho de passagem,
Pedregosíssimo, entre dois lugares.

    Como lhe luzem seixos e burgaus
Roliços! E marinham nas ladeiras
Os renques africanos das piteiras,
Que como áloes espigam altos paus!

    Montanhas inda mais longinquamente,
Com restevas, com combros como boças,
Lembram cabeças estupendas, grossas,
De cabelo grisalho, muito rente.

E, a contrastar, nos vales, em geral,
Como em vidraça duma enorme estufa,
Tudo se atrai, se impõe, alarga e entufa,
Duma vitalidade equatorial!

Que de frugalidades nós criamos!
Que torrão espontâneo que nós somos!
Pela outonal maturação dos pomos,
Com a carga, no chão pousam os ramos.

E assim postas, nos barros e areais,
As macieiras vergadas fortemente,
Parecem, duma fauna surpreendente,
Os pólipos enormes, diluviais.

Contudo, nós não temos na fazenda
Nem uma planta só de mero ornato!
Cada pé mostra-se útil, é sensato,
Por mais finos aromas que recenda!

Finalmente, na fértil depressão,
Nada se vê que a nossa mão não regre:
A florescência dum matiz alegre
Mostra um sinal – a frutificação!

*

Ora, há dez anos, neste chão de lava
E argila e areia e aluviões dispersas,
Entre espécies botânicas diversas,
Forte, a nossa família radiava!

Unicamente, a minha doce irmã,
Como uma tênue e imaculada rosa,
Dava a nota galante e melindrosa
Na trabalheira rústica, aldeã.

E foi num ano pródigo, excelente,
Cuja amargura nada sei que adoce,
Que nós perdemos essa flor precoce,
Que cresceu e morreu rapidamente!

Ai daqueles que nascem neste caos,
E, sendo fracos, sejam generosos!
As doenças assaltam os bondosos
E – custa a crer – deixam viver os maus!

*

Fecho os olhos cansados, e descrevo
Das telas da memória retocadas,
Biscates, hortas, batatais, latadas,
No país montanhoso, com relevo!

Ah! Que aspectos benignos e rurais
Nesta localidade tudo tinha,
Ao ires, com o banco de palhinha,
Para a sombra que faz nos parreirais!

Ah! Quando a calma, à sesta, nem consente
Que uma folha se mova ou se desmanche,
Tu refeita e feliz com o teu *lunch*,
Nos ajudavas, voluntariamente!...

Era admirável – neste grau do Sul! –
Entre a rama avistar teu rosto alvo,
Ver-te escolhendo a uva diagalvo,
Que eu embarcava para Liverpool.

A exportação de frutas era um jogo:
Dependiam da sorte do mercado
O boal, que é de pérolas formado
E o ferral, que é ardente e cor de fogo!

Em agosto, ao calor canicular,
Os pássaros e enxames tudo infestam.
Tu cortavas os bagos que não prestam
Com a tua tesoura de bordar.

Douradas, pequeninas, as abelhas
E negros, volumosos, os besouros
Circundavam, com ímpetos de touros,
As tuas candidíssimas orelhas.

Se uma vespa lançava o seu ferrão
Na tua cútis – pétala de leite! –
Nós colocávamos dez réis e azeite
Sobre a galante, a rósea inflamação!

E se um de nós, já farto, arrenegado,
Com o chapéu caçava a bicharia,
Cada zangão voando, à luz do dia,
Lembrava o teu dedal arremessado.

*

Que de encantos! Na força do calor
Desabrochavas no padrão da bata,
E surgindo da gola e da gravata,
Teu pescoço era o caule duma flor!

Mas que cegueira a minha! Do teu porte
A fina curva, a indefinida linha,
Com bondades de herbívora mansinha,
Eram prenúncios de fraqueza e morte!

À procura da libra e do *shilling*,
Eu andava abstrato e sem que visse
Que o teu alvor romântico de *miss*,
Te obrigava a morrer antes de mim!

E antes tu, ser lindíssimo, nas faces
Tivesses "pano" como as camponesas;
E sem brancuras, sem delicadezas,
Vigorosa e plebéia, inda durasses!

Uns modos de carnívora feroz
Podias ter em vez de inofensivos;
Tinhas caninos, tinhas incisivos,
E podias ser rude como nós!

Pois neste sítio, que era de sequeiro,
Todo o gênero ardente resistia,
E à larguíssima luz do Meio-Dia,
Tomava um tom opálico e trigueiro!

*

Sim! Europa do Norte, o que supões
Dos vergéis que abastecem teus banquetes,
Quando às docas, com frutas, os paquetes
Chegam antes das tuas estações?!

Oh! Os ricos *primeurs* da nossa terra
E as tuas frutas ácidas, tardias,
No azedo amoniacal das queijarias
Dos flegmáticos *farmers* de Inglaterra!...

Ó cidades fabris, industriais,
De nevoeiros, poeiradas de hulha,
Que pensais do país que vos atulha
Com a fruta que sai de seus quintais?

Todos os anos, que frescor se exala!
Abundâncias felizes que eu recordo!
Carradas brutas que iam para bordo!
Vapores por aqui fazendo escala!

Uma alta parreira moscatel
Por doce não servia para embarque!
Palácios que rodeiam Hyde-Park,
Não conheceis esse divino mel!

Pois a Coroa, o Banco, o Almirantado,
Não as têm nas florestas em que há corças,
Nem em vós que dobrais as vossas forças,
Pradarias dum verde ilimitado!

Anglos-saxônios, tendes que invejar!
Ricos suicidas, comparai convosco!
Aqui tudo espontâneo, alegre, tosco,
Facílimo, evidente, salutar!

Oponde às regiões que dão os vinhos
Vossos montes de escórias inda quentes!
E as febris oficinas estridentes
Às nossas tecelagens e moinhos!

E ó condados mineiros! Extensões
Carboníferas! Fundas galerias!
Fábricas a vapor! Cutelarias!
E mecânicas, tristes fiações!

Bem sei que preparais corretamente
O aço e a seda, as lâminas e o estofo;
Tudo o que há de mais dúctil, de mais fofo,
Tudo o que há de mais rijo e resistente!

Mas isso tudo é falso, é maquinal,
Sem vida, como um círculo ou um quadrado,
Com essa perfeição do fabricado,
Sem o ritmo do vivo e do real!

E cá o santo sol, sobre isto tudo,
Faz conceber as verdes ribanceiras;
Lança as rosáceas belas e fruteiras
Nas searas de trigo palhagudo!

Uma aldeia daqui é mais feliz,
Londres sombria em que cintila a corte!...
Mesmo que tu, que vives a compor-te,
Grande seio arquejante de Paris!...

Ah! Que de glória, que de colorido
Quando por meu mandado e meu conselho,
Cá se empapelam "as maçãs de espelho"
Que Herbert Spencer talvez tenha comido.

Para alguns são prosaicos, são banais
Estes versos de fibra suculenta;
Como se a polpa que nos dessedenta
Nem ao menos valesse uns madrigais!

Pois o que a boca trava com surpresas
Senão as frutas tônicas e puras!
Ah! Num jantar de carnes e gorduras
A graça vegetal das sobremesas!...

Jack, marujo inglês, tu tens razão
Quando, ancorando em portos como os nossos,
As laranjas com cascas e caroços
Comes com bestial sofreguidão!...

*

A impressão doutros tempos, sempre viva,
Dá estremeções no meu passado morto,
E inda viajo, muita vez, absorto,
Pelas várzeas da minha retentiva.

Então recordo a paz familiar,
Todo um painel pacífico de enganos!
E a distância fatal duns poucos de anos
É uma lente convexa, de aumentar.

Todos os tipos mortos ressuscito!
Perpetuam-se assim alguns minutos!
E eu exagero os casos diminutos
Dentro dum véu de lágrimas bendito.

Pinto quadros por letras, por sinais,
Tão luminosos como os de Levante,
Nas horas em que a calma é mais queimante,
Na quadra em que o verão aperta mais.

Como destacam, vivas, certas cores,
Na vida externa cheia de alegrias!
Horas, vozes, locais, fisionomias,
As ferramentas, os trabalhadores!

Aspiro um cheiro a cozedura, e a lar
E a rama de pinheiro! Eu adivinho
O resinoso, o tão agreste pinho
Serrado nos pinhais da beira-mar.

Vinha cortada, aos feixes, a madeira,
Cheia de nós, de imperfeições, de rachas,
Depois armavam-se, num pronto, as caixas
Sob uma calma espessa e calaceira!

Feias e fortes! Punham-lhes papel
A forrá-las. E em grossa serradura
Acamava-se a uva prematura
Que não deve servir para tonel!

Cingiam-nas com arcos de castanho
Nas ribeiras cortados, nos riachos;
E eram de açúcar e calor os cachos,
Criados pelo esterco e pelo amanho!

Ó pobre estrume, como tu compões
Estes pâmpanos doces como afagos!
"Dedos-de-dama": transparentes bagos!
"Tetas-de-cabra": lácteas carnações!

E não eram caixitas bem dispostas
Como as passas de Málaga e Alicante;
Com sua forma estável, ignorante,
Estas pesavam, brutalmente, às costas!

Nos vinhatórios via fulgurar,
Com tanta cal que torna as vistas cegas,
Os paralelogramos das adegas,
Que têm lá dentro as dornas e o lagar!

Que rudeza! Ao ar livre dos estios,
Que grande azáfama! Apressadamente
Como soava um martelar freqüente,
Véspera da saída dos navios!

Ah! Ninguém entender que ao meu olhar
Tudo tem certo espírito secreto!
Com folhas de saudades um objeto
Deita raízes duras de arrancar!

As navalhas de volta, por exemplo,
Cujo bico de pássaro se arqueia,
Forjadas no casebre duma aldeia,
São antigas amigas que eu contemplo!

Elas, em seu labor, em seu lidar,
Com sua ponta como a das podoas,
Serviam probas, úteis, dignas, boas,
Nunca tintas de sangue e de matar.

E as enxós de martelo, que dum lado
Cortavam mais do que as enxadas cavam,
Por outro lado, rápidas, pregavam,
Duma pancada, o prego fasquiado!

O meu ânimo verga na abstração,
Com a espinha dorsal dobrada ao meio,
Mas se de materiais descubro um veio
Ganho a musculatura dum Sansão!

E assim – e mais no povo a vida é corna –
Amo os ofícios como o de ferreiro,
Com seu fole arquejante, seu braseiro,
Seu malho retumbante na bigorna!

E sinto, se me ponho a recordar
Tanto utensílio, tantas perspectivas,
As tradições antigas, primitivas,
E a formidável alma popular!

Oh! Que brava alegria eu tenho quando
Sou tal qual como os mais! E, sem talento,
Faço um trabalho técnico, violento,
Cantando, praguejando, batalhando!

*

Os fruteiros, tostados pelos sóis,
Tinham passado, muita vez, a raia,
E espertos, entre os mais da sua laia,
– Pobres campônios – eram uns heróis.

E por isso, com frases imprevistas,
E colorido e estilo e valentia,
As *haciendas* que há na *Andalucía*
Pintavam como novos paisagistas.

De como, às calmas, nessas excursões,
Tinham águas salobras por refrescos;
E amarelos, enormes, gigantescos,
Lá batiam o queixo com sezões!

Tinham corrido já na adusta Espanha,
Todo um fértil platô sem arvoredos,
Onde armavam barracas nos vinhedos,
Como tendas alegres de campanha.

Que pragas castelhanas, que alegrão
Quando contavam cenas de pousadas!
Adoravam as cintas encarnadas
E as cores, como os pretos do sertão!

E tinham, sem que a lei a tal obrigue,
A educação vistosa das viagens!
Uns por terra partiam e estalagens,
Outros, aos montes, no convés dum brigue!

Só um havia, triste e sem falar
Que arrastava a maior misantropia,
E, roxo como um fígado, bebia
O vinho tinto que eu mandava dar!

Pobre da minha geração exangue
De ricos! Antes, como os abrutados,
Andar com uns sapatos ensebados,
E ter riqueza química no sangue!...

*

Mas hoje a rústica lavoura, quer
Seja o patrão, quer seja o jornaleiro,
Que inferno! Em vão o lavrador rasteiro
E a filharada lidam, e a mulher!

Desde o princípio ao fim é uma maçada
De mil demônios! Torna-se preciso
Ter-se muito vigor, muito juízo
Para trazer a vida equilibrada!

Hoje eu sei quanto custam a criar
As cepas, desde que eu as podo e empo.
Ah! O campo não é um passatempo
Com bucolismos, rouxinóis, luar.

A nós tudo nos rouba e nos dizima:
O rapazio, o imposto, as pardaladas,
As osgas peçonhentas, achatadas,
E as abelhas que engordam na vindima.

É o pulgão, a lagarta, os caracóis,
E há inda, além do mais com que se ateima,
As intempéries, o granizo, a queima,
E a concorrência com os espanhóis.

　　Na venda, os vinhateiros de Almeria
Competem contra os nossos fazendeiros.
Dão frutas aos leilões dos estrangeiros,
Por uma cotação que nos desvia!

　　Pois tantos contras, rudes como são,
Forte e teimoso, o camponês destrói-os!
Venham de lá pesados os comboios
E os "buques" estivados no porão!

　　Não, não é justo que eu a culpa lance
Sobre estes nadas! Puras bagatelas!
Nós não vivemos só de coisas belas,
Nem tudo corre como num romance!

　　Para a Terra parir há de ter dor,
E é para obter as ásperas verdades,
Que os agrônomos cursam nas cidades,
E, à sua custa, aprende o lavrador.

Ah! Não eram insetos nem as aves
Que nos dariam dias tão difíceis,
Se vós, sábios, na gente, descobrísseis
Como se curam as doenças graves.

Não valem nada a cava, a enxofra, e o mais!
Dificultoso trato das searas!
Lutas constantes sobre as jornas caras!
Compras de bois nas feiras anuais!

O que a alegria em nós destrói e mata,
Não é rede arrastante de escalracho,
Nem é "suão" queimante como um facho,
Nem invasões bulbosas de erva-pata.

Podia ter secado o poço em que eu
Me debruçava e te pregava sustos,
E mais as ervas, árvores e arbustos
Que – tanta vez! – a tua mão colheu.

"Moléstia negra" nem *charbon* não era,
Como um archote incendiando as parras!
Tão-pouco as bastas e invisíveis garras,
Da enorme legião do filoxera!

Podiam mesmo com o que contêm,
Os muros ter caído às invernias!
Somos fortes! As nossas energias
Tudo vencem e domam muito bem!

Que os rios, sim, que como touros mugem,
Transbordando atulhassem as regueiras!
Chorassem de resina as laranjeiras!
Enegrecessem outras com ferrugem!

As turvas cheias de novembro, em vez
Do nateiro sutil que fertiliza,
Fossem a inundação que tudo pisa,
No rebanho afogassem muita rês!

Ah! Nesse caso pouco se perdera,
Por isso tudo era um pequeno dano,
À vista do cruel destino humano
Que os dedos te fazia como cera!

Era essa tísica em terceiro grau,
Que nos enchia a todos de cuidado,
Te curvava e te dava um ar alado
Como quem vai voar dum mundo mau.

Era a desolação que inda nos mina
(Porque o fastio é bem pior que a fome)
Que a meu pai deu a curva que o consome,
E a minha mãe cabelos de platina!

Era a clorose, esse tremendo mal,
Que desertou e que tornou funesta
A nossa branca habitação em festa
Reverberando a luz meridional.

Não desejemos, – nós os sem defeitos, –
Que os tísicos pereçam! Má teoria,
Se pelos meus o apuro principia,
Se a Morte nos procura em nossos leitos!

A mim mesmo, que tenho a pretensão
De ter saúde, a mim que adoro a pompa
Das forças, pode ser que se me rompa
Uma artéria, e me mine uma lesão!

Nós outros, teus irmãos, teus companheiros,
Vamos abrindo um matagal de dores!
E somos rijos como os serradores!
E positivos como os engenheiros!

Porém, hostis, sobressaltados, sós,
Os homens arquitetam mil projetos
De vitória! E eu duvido que os meus netos
Morram de velhos como os meus avós!

Porque, parece, ou fortes ou velhacos
Serão apenas os sobreviventes;
E há pessoas sinceras e clementes,
E troncos grossos com seus ramos fracos!

E que fazer se a geração decai!
Se a seiva genealógica se gasta!
Tudo empobrece! Extingue-se uma casta!
Morre o filho primeiro de que o pai!

Mas seja como for tudo se sente,
Da tua ausência! Ah! como o ar nos falta,
Ó flor cortada, suscetível, alta,
Que assim secaste prematuramente!

Eu que de vezes tenho o desprazer
De refletir no túmulo! E medito
No eterno Incognoscível infinito,
Que as idéias não podem abranger!

Como em paul em que nem cresça a junca
Sei de almas estagnadas! Nós absortos,
Temos ainda o culto pelos Mortos,
Esses ausentes que não voltam nunca!

Nós ignoramos, sem religião,
Ao rasgarmos caminho, a fé perdida,
Se te vemos ao fim desta avenida
Ou essa horrível aniquilação!...

E ó minha mártir, minha virgem, minha
Infeliz e celeste criatura,
Tu lembras-nos de longe a paz futura,
No teu jazigo, como uma santinha!

E enquanto a mim, és tu que substituis
Todo o mistério, toda a santidade
Quando em busca do reino da verdade
Eu ergo o meu olhar aos céus azuis!

III

Tínhamos nós voltado à capital maldita,
Eu vinha de polir isto tranqüilamente,
Quando nos sucedeu uma cruel desdita,
Pois um de nós caiu, de súbito, doente.

Uma tuberculose abria-lhe cavernas!
Dá-me rebate ainda o seu tossir profundo!
E eu sempre lembrarei, triste, as palavras ternas,
Com que se despediu de todos e do mundo!

Pobre rapaz robusto e cheio de futuro!
Mas sei dum infortúnio imenso como o seu!
Viu o seu fim chegar como um medonho muro,
E, sem querer, aflito e atônito, morreu!...

De tal maneira que hoje, eu desgostoso e azedo
Com tanta crueldade e tantas injustiças,
Se inda trabalho é como os presos no degredo,
Com planos de vingança e idéias insubmissas.

E agora, de tal modo a minha vida é dura,
Tenho momentos maus, tão tristes, tão perversos,
Que sinto só desdém pela literatura,
E até desprezo e esqueço os meus amados versos!

1884

BIOGRAFIA

José Joaquim Cesário Verde nasceu no dia 25 de fevereiro de 1855, em Santa Maria Madalena, bairro de Lisboa. Era o segundo filho de José Anastácio Verde, descendente de italianos, próspero comerciante de ferragens e proprietário de uma granja denominada Linda-a-Pastora, nos arredores da capital. A primogênita da família se chamava Maria Júlia, e nascera dois anos antes de Cesário.

Em 1857, a família se refugiou em Linda-a-Pastora, para escapar das epidemias de cólera e de febre amarela que grassavam em Lisboa. No ano seguinte, voltaram a residir na capital, na Rua dos Franqueiros nº 9, a dois passos da loja de ferragens. Em 1860, mudaram-se para a Rua do Salitre. Nessa data, a família já tinha sido acrescida de mais dois filhos, Adelaide Eugénia (que logo faleceu) e Joaquim Tomás. No ano seguinte, nasceu Jorge, o único dos irmãos que sobreviveria a Cesário.

Em 1865, Cesário concluiu o curso primário, e iniciou sua aprendizagem das línguas francesa e inglesa. Em 1872, com dezessete anos, começou a trabalhar como correspondente comercial na loja de seu pai. Neste mesmo ano, a irmã Maria Júlia faleceu, vítima de tuberculose. A perda dessa irmã, noiva de um jovem literato de quem Cesário se tornara amigo, afetou-o profundamente.

Em 1873, matriculou-se no Curso Superior de Letras, que logo abandonou. Tornou-se amigo do colega de curso Antônio José da Silva Pinto, que era republicano, anticlerical e revolucionário (entusiasta da Comuna de Paris), e transmitiu a Cesário um ideário político difícil de conciliar com sua condição de burguês abastado, mas ao qual o poeta aderiu, intelectual e sentimentalmente. Silva Pinto também o introduziu nos ambientes de boêmia artística lisboeta. Em novembro desse ano, Cesário publicou seus primeiros poemas num folhetim do *Diário de Notícias*: "A forca", "Num tripúdio de corte rigoroso" e "Ó áridas Messalinas". A publicação vinha acompanhada de um retrato do autor, assinado por Eduardo Coelho: "É um moço quase imberbe, ingênuo, rosto e alma serena, fronte espaçosa, olhar perscrutador, cheio de aspirações elevadas". Em dezembro, o *Diário da Tarde* estampou mais dois poemas seus: "Eu e ela" e "Lúbrica".

Em 1874, outros poemas apareceram em jornais do Porto e de Lisboa. Um deles, "Esplêndida", causou escândalo por seu "baudelairianismo", e foi duramente criticado por Teófilo Braga e Ramalho Ortigão. Este último lançou-lhe uma de suas "farpas": "seja menos verde e mais cesário". Enquanto isso, o pai do poeta começou a exportar as frutas de sua quinta para a Inglaterra. Nos anos seguintes, Cesário dividiria seu tempo entre a participação intensa em revistas literárias e a atividade de correspondente comercial do negócio paterno de exportação, que se expandiu por outros países da Europa e da América,

incluindo o Brasil. Esse trabalho intenso, de que se queixava em cartas a amigos, talvez tenha começado a minar a saúde do poeta que, devido aos antecedentes familiares, já era passavelmente hipocondríaco.
Em 1877, a família se instalou na Rua das Trinas do Mocambo. No ano seguinte, o pai ampliou sua propriedade de Linda-a-Pastora, e Cesário começou a passar ali longas temporadas, cuidando dos negócios. Seus poemas, que continuavam aparecendo em jornais e revistas, suscitaram novos escândalos, por serem "realistas" e politicamente provocadores. Em 1879, o *Diário Ilustrado*, que havia publicado há pouco o poema "Em petiz", estampou uma crítica violenta do mesmo, qualificado como "um vomitório". Furioso, Cesário desafiou o diretor do jornal para um desforço pessoal, que acabou não acontecendo. Em função da má recepção de seus poemas, e do aumento de trabalho na firma familiar, o poeta manifestou a seu amigo Silva Pinto um desinteresse progressivo pela literatura.
Em 1880, Cesário – que tinha então vinte e cinco anos – publicou "O sentimento dum Ocidental", em *Portugal a Camões*, número extraordinário do *Jornal das Viagens* do Porto. Esse poema, que seria mais tarde reconhecido como uma obra-prima, não teve então nenhuma repercussão, o que provocou uma queixa do autor, em carta ao amigo Macedo Papança: "Uma poesia minha, recente, publicada numa folha bem impressa, comemorativa de Camões, não obteve um olhar, um sorriso, um desdém, uma observação".
Cada vez mais ocupado com os negócios familiares, de que tomava pouco a pouco a direção, Cesário dividia seu tempo entre Linda-a-Pastora e Lisboa, onde

passou a freqüentar os artistas e escritores designados como o "Grupo do Leão".

Data dessa época a notável descrição que dele fez Fialho de Almeida: "Alto e mui grave, vestido de azul e com um colarinho voltado sobre uma gravata escarlate, tinha bem a figura do caráter, e não se podia mirá-lo sem logo lhe ver, na ingênua arrogância, o quer que fosse do ser filtrado por uma estranha e aristocrática seleção. O tipo era seco, com uma ossatura poderosa, a pele de fêmea loira, rosada de bom sangue, a cabeça pequena e grega, com uma testa magnífica, e feições redondas, onde os olhos amarelo-pardos de estátua, ligeiramente míopes, tinham a expressão profunda, retilínea, longínqua, que a gente nota nos dos marítimos acostumados a interrogar os oceanos por dilatadas extensões".

Em 1881, morreu o irmão Joaquim Tomás, com vinte e quatro anos, também vítima da tuberculose. Esse luto, acrescido aos anteriores, aumentou a amargura e os trágicos presságios de Cesário. Em 1883, fez uma viagem de negócios à França, passando por Bordéus e Paris, onde se encontrou com amigos portugueses. Segundo um deles, Mariano Pina, Cesário declarava então ter abandonado a poesia e estar apenas interessado na vida de agricultor e negociante. Esse "desdém pela literatura" é expresso no poema "Nós", publicado, apesar de tudo, na revista *Ilustração* (Paris, 1884). O literato não havia desaparecido totalmente. Prova disso é uma carta comercial do mesmo ano, em que Cesário advertia o destinatário de que era "um homem de letras antes de ser comerciante", que seu gosto literário era muito exigente, e que as "lucubrações mercantis" de seu correspondente lhe eram "insuportáveis".

A partir de 1885, Cesário começou a ter diversos problemas de saúde, que foram finalmente diagnosticados como tuberculose. Apesar de ter passado algum tempo no campo, com esperanças de recuperação, em 19 de julho de 1886, o poeta morreu em Lisboa. Tinha então trinta e um anos. Segundo seu irmão Jorge, suas últimas palavras foram: "Não quero nada, deixa-me dormir". Muito poucos foram os contemporâneos que reconheceram, nesse falecimento, a perda de um dos maiores poetas da língua portuguesa.

Somente em 1887 suas poesias foram reunidas em *O Livro de Cesário Verde*, editado por Silva Pinto em pequena tiragem fora do comércio. Em 1919, um incêndio ocorrido na casa de Linda-a-Pastora consumiu, presumivelmente, os manuscritos de Cesário, de modo que, até os dias de hoje, há discussões acerca da forma final de seus poemas e do próprio livro, já que só se conhecem as publicações em jornal e o *Livro* composto por Silva Pinto, que apresenta novos poemas e diferenças relevantes naqueles anteriormente publicados.

Sendo esta uma edição corrente destinada ao grande público brasileiro, optamos por adaptar a ortografia às nossas normas e por corrigir alguns poemas segundo as edições portuguesas mais recentes.

BIBLIOGRAFIA ESCOLHIDA

Obra de Cesário Verde

BARAHONA, Antonio. *O Livro de Cesário Verde.* Lisboa: Assírio Alvim, 2004.

BARBOSA, Osmar (ed.). *Poesias completas de Cesário Verde.* Rio de Janeiro: Ediouro, s/d.

MOISÉS, Carlos Felipe (ed.). *Cesário Verde – Poesia completa e cartas escolhidas.* São Paulo: Editora Cultrix/Edusp, 1982.

MENDES, Margarida Vieira (ed.). *Poesias de Cesário Verde.* Lisboa: Editorial Comunicação, Col. Textos Literários, 1979.

SERRÃO, Joel (ed.). *Obra completa de Cesário Verde.* Lisboa: Livros Horizonte, 1992.

SILVEIRA, Jorge Fernandes da (ed.). *Cesário Verde – Todos os poemas.* Rio de Janeiro: 7 Letras, 1995.

VILLAÇA, Antonio Carlos (ed.). *O Livro de Cesário Verde.* Rio de Janeiro: Nova Aguilar, 1976.

Sobre Cesário Verde

ANTONIO, Jorge Luiz. *Cores, formas, luz, movimento: A poesia de Cesário Verde*. São Paulo: Musa Editora – Fapesp, 2002.

BOM, Laurinda & AUREIAS, Laura. *Cesário Verde, uma proposta de trabalho*. Lisboa: Libros Horizonte, 1983.

COELHO, Jacinto do Prado. "Um clássico da modernidade: Cesário Verde", "Cesário e Baudelaire" e "Cesário Verde, escritor". In: *Problemática da História Literária*. Lisboa: 1961; 2. ed., 1972.

———. "Cesário Verde, poeta do espaço e da memória". In: *Ao contrário de Penélope*. Lisboa: Bertrand, 1976.

CUNHA, Carlos. *Cesário, poeta moderno*. Braga: Livraria Cruz, 1955.

FERREIRA, Vergílio. "Relendo Cesário". In *Espaço do Invisível III*. Lisboa: Bertrand, 1977.

FIGUEIREDO, João Pinto de. *A vida de Cesário Verde*. Lisboa: Presença, 1986.

LOBO, Danilo. *O pincel e a pena. Outra leitura de Cesário Verde*. Brasília: Thesaurus, 1999.

LOPES, Oscar. "Cesário, ou do Romantismo ao Modernismo". In: SARAIVA, António José & LOPES, Oscar. In: *De Fialho a Nemésio*. Lisboa: Imprensa Nacional – Casa da Moeda, 1987.

LOURENÇO, Eduardo. "Os dois Cesários". In: *Cesário Verde, Comemorações do Centenário da Morte do Poeta*. Lisboa: Fundação Gulbenkian, 1993.

MACEDO, Helder. *Nós. Uma leitura de Cesário Verde*, Lisboa, Plátano Editora, 1975.

———. *O romântico e o feroz*. Lisboa: Edição & etc, 1988.

MARTINS, Cabral. *Cesário Verde ou A transformação do mundo*. Lisboa: Comunicação, 1988.

MONTEIRO, Adolfo Casais. "Cesário Verde". In: *A poesia portuguesa contemporânea*. Lisboa: Sá da Costa, 1977.

MOURÃO-FERREIRA, David. "Notas sobre Cesário Verde". In: *Hospital das letras*. Lisboa: Imprensa Nacional/Casa da Moeda, 1981.

OLIVEIRA, Luís Amaro de. *Cesário Verde – Novos subsídios para o estudo da sua personalidade*. Coimbra: Nobel, 1944.

———. *3 sentidos fundamentais na poesia de Cesário Verde*. Lisboa, 1949.

PASCHOALIN, Maria Aparecida. *Cesário Verde*. São Paulo: Abril Educação, Literatura comentada, 1982.

PONTES, Joel. "Cesário Verde e o século XIX". In: *O aprendiz de crítica*. Recife, 1955.

SENA, Jorge de. "A linguagem de Cesário Verde". In: *Estudos de literatura portuguesa I*, Lisboa: Edições 70, 1981.

SERRÃO, Joel. *O essencial sobre Cesário Verde*. Lisboa, INL/Casa da Moeda, 1986.

ÍNDICE

O poeta que sabia ver	7
Impossível	19
Lágrimas	22
Proh Pudor!	23
Manias	24
Heroísmos	25
Cinismos	26
Esplêndida	27
Arrojos	30
Vaidosa	32
Flores venenosas (Cabelos)	33
Flores velhas	35
Deslumbramentos	40
Humorismos de amor	42
Desastre	45
Nevroses	49
A Débil	53
Humilhações	56

Num bairro moderno	58
Merina	63
Sardenta	64
Cristalizações	65
Noitada	70
Num álbum	75
Em petiz	76
Manhãs brumosas	83
O sentimento dum ocidental	85
De verão	94
Nós	100
Biografia	127
Bibliografia escolhida	133

COLEÇÃO MELHORES CONTOS

ANÍBAL MACHADO
Seleção e prefácio de Antonio Dimas

LYGIA FAGUNDES TELLES
Seleção e prefácio de Eduardo Portella

BRENO ACCIOLY
Seleção e prefácio de Ricardo Ramos

MARQUES REBELO
Seleção e prefácio de Ary Quintella

MOACYR SCLIAR
Seleção e prefácio de Regina Zilbermann

MACHADO DE ASSIS
Seleção e prefácio de Domício Proença Filho

HERBERTO SALES
Seleção e prefácio de Judith Grossmann

RUBEM BRAGA
Seleção e prefácio de Davi Arrigucci Jr.

LIMA BARRETO
Seleção e prefácio de Francisco de Assis Barbosa

JOÃO ANTÔNIO
Seleção e prefácio de Antônio Hohlfeldt

EÇA DE QUEIRÓS
Seleção e prefácio de Herberto Sales

MÁRIO DE ANDRADE
Seleção e prefácio de Telê Ancona Lopez

LUIZ VILELA
Seleção e prefácio de Wilson Martins

J. J. VEIGA
Seleção e prefácio de J. Aderaldo Castello

JOÃO DO RIO
Seleção e prefácio de Helena Parente Cunha

IGNÁCIO DE LOYOLA BRANDÃO
Seleção e prefácio de Deonísio da Silva

LÊDO IVO
Seleção e prefácio de Afrânio Coutinho

RICARDO RAMOS
Seleção e prefácio de Bella Jozef

MARCOS REY
Seleção e prefácio de Fábio Lucas

SIMÕES LOPES NETO
Seleção e prefácio de Dionísio Toledo

HERMILO BORBA FILHO
Seleção e prefácio de Silvio Roberto de Oliveira

BERNARDO ÉLIS
Seleção e prefácio de Gilberto Mendonça Teles

AUTRAN DOURADO
Seleção e prefácio de João Luiz Lafetá

JOEL SILVEIRA
Seleção e prefácio de Lêdo Ivo

JOÃO ALPHONSUS
Seleção e prefácio de Afonso Henriques Neto

ARTUR AZEVEDO
Seleção e prefácio de Antonio Martins de Araújo

RIBEIRO COUTO
Seleção e prefácio de Alberto Venâncio Filho

OSMAN LINS
Seleção e prefácio de Sandra Nitrini

ORÍGENES LESSA
Seleção e prefácio de Glória Pondé

DOMINGOS PELLEGRINI
Seleção e prefácio de Miguel Sanches Neto

CAIO FERNANDO ABREU*
Seleção e prefácio de Marcelo Secron Bessa

PRELO*

COLEÇÃO MELHORES POEMAS

CASTRO ALVES
Seleção e prefácio de Lêdo Ivo

LÊDO IVO
Seleção e prefácio de Sergio Alves Peixoto

FERREIRA GULLAR
Seleção e prefácio de Alfredo Bosi

MARIO QUINTANA
Seleção e prefácio de Fausto Cunha

CARLOS PENA FILHO
Seleção e prefácio de Edilberto Coutinho

TOMÁS ANTÔNIO GONZAGA
Seleção e prefácio de Alexandre Eulalio

MANUEL BANDEIRA
Seleção e prefácio de Francisco de Assis Barbosa

CECÍLIA MEIRELES
Seleção e prefácio de Maria Fernanda

CARLOS NEJAR
Seleção e prefácio de Léo Gilson Ribeiro

LUÍS DE CAMÕES
Seleção e prefácio de Leodegário A. de Azevedo Filho

GREGÓRIO DE MATOS
Seleção e prefácio de Darcy Damasceno

ÁLVARES DE AZEVEDO
Seleção e prefácio de Antonio Candido

MÁRIO FAUSTINO
Seleção e prefácio de Benedito Nunes

ALPHONSUS DE GUIMARAENS
Seleção e prefácio de Alphonsus de Guimaraens Filho

OLAVO BILAC
Seleção e prefácio de Marisa Lajolo

JOÃO CABRAL DE MELO NETO
Seleção e prefácio de Antonio Carlos Secchin

FERNANDO PESSOA
Seleção e prefácio de Teresa Rita Lopes

AUGUSTO DOS ANJOS
Seleção e prefácio de José Paulo Paes

BOCAGE
Seleção e prefácio de Cleonice Berardinelli

MÁRIO DE ANDRADE
Seleção e prefácio de Gilda de Mello e Souza

PAULO MENDES CAMPOS
Seleção e prefácio de Guilhermino César

LUÍS DELFINO
Seleção e prefácio de Lauro Junkes

GONÇALVES DIAS
Seleção e prefácio de José Carlos Garbuglio

AFFONSO ROMANO DE SANT'ANNA
Seleção e prefácio de Donaldo Schüler

HAROLDO DE CAMPOS
Seleção e prefácio de Inês Oseki-Dépré

GILBERTO MENDONÇA TELES
Seleção e prefácio de Luiz Busatto

GUILHERME DE ALMEIDA
Seleção e prefácio de Carlos Vogt

JORGE DE LIMA
Seleção e prefácio de Gilberto Mendonça Teles

CASIMIRO DE ABREU
Seleção e prefácio de Rubem Braga

MURILO MENDES
Seleção e prefácio de Luciana Stegagno Picchio

PAULO LEMINSKI
Seleção e prefácio de Fred Góes e Álvaro Marins

RAIMUNDO CORREIA
Seleção e prefácio de Telenia Hill

CRUZ E SOUSA
Seleção e prefácio de Flávio Aguiar

DANTE MILANO
Seleção e prefácio de Ivan Junqueira

JOSÉ PAULO PAES
Seleção e prefácio de Davi Arrigucci Jr.

CLÁUDIO MANUEL DA COSTA
Seleção e prefácio de Francisco Iglésias

MACHADO DE ASSIS
Seleção e prefácio de Alexei Bueno

HENRIQUETA LISBOA
Seleção e prefácio de Fábio Lucas

AUGUSTO MEYER
Seleção e prefácio de Tania Franco Carvalhal

RIBEIRO COUTO
Seleção e prefácio de José Almino

RAUL DE LEONI
Seleção e prefácio de Pedro Lyra

ALVARENGA PEIXOTO
Seleção e prefácio de Antonio Arnoni Prado

CASSIANO RICARDO
Seleção e prefácio de Luiza Franco Moreira

BUENO DE RIVERA
Seleção e prefácio de Affonso Romano de Sant'Anna

IVAN JUNQUEIRA
Seleção e prefácio de Ricardo Thomé

CORA CORALINA
Seleção e prefácio de Darcy França Denófrio

ANTERO DE QUENTAL
Seleção e prefácio de Benjamin Abdalla Junior

NAURO MACHADO
Seleção e prefácio de Hildeberto Barbosa Filho

FAGUNDES VARELA
Seleção e prefácio de Antonio Carlos Secchin

CESÁRIO VERDE
Seleção e prefácio de Leyla Perrone-Moisés

FLORBELA ESPANCA*
Seleção e prefácio de Zina Bellodi

VICENTE DE CARVALHO*
Seleção e prefácio de Cláudio Murilo Leal

PRELO*